Lyrik buch

Gedichte und Balladen für die Sekundarstufe I

Herausgegeben von
Fritz Pratz

Verlag Moritz Diesterweg
Frankfurt am Main · Berlin · München

ISBN 3-425-06440-1

Umschlagentwurf: M. E. Schupp, Heppenheim
Satz u. Druck: Oscar Brandstetter Druckerei GmbH & Co. KG, Wiesbaden
Bindearbeiten: WIB, Wiesbaden

Inhalt

Frühling läßt sein blaues Band wieder flattern durch die Lüfte *(Eduard Mörike)*

Und doch! Sonne und Wälder toben vorbei *(Franz Werfel)*

Weisse schwalben sah ich fliegen *(Stefan George)*

Immer war der Fuchs beredsam *(Friedrich Georg Jünger)*

Von dir und mir *(Jürgen Theobaldy)*

Ich habe Menschen getroffen *(Gottfried Benn)*

Taub vom Gehämmer der nächtlichen Schicht *(Wolfgang Bächler)*

Daß sie euch mit Krieg verschonen *(Bertolt Brecht)*

Ihr, die ihr zwingt, doch nie bezwingt *(Oskar Loerke)*

Und suche es in meinem Sinn;
Und sehne mich darnach *(Matthias Claudius)*

Jeden Nachklang fühlt mein Herz
froh- und trüber Zeit *(Johann Wolfgang Goethe)*

Es lagen im Felde die Hirten bei Nacht *(Rudolf Alexander Schröder)*

Wir singen und sagen vom Grafen so gern *(Johann Wolfgang Goethe)*

Anhang

„Frühling läßt sein blaues Band wieder flattern durch die Lüfte“

(Eduard Mörike)

August Heinrich Hoffmann von Fallersleben

Sehnsucht nach dem Frühling

O, wie ist es kalt geworden
Und so traurig, öd und leer?
Rauhe Winde wehn von Norden,
Und die Sonne scheint nicht mehr.

Auf die Berge möcht ich fliegen,
Möchte sehn ein grünes Tal,
Möcht in Gras und Blumen liegen
Und mich freun am Sonnenstrahl;

Möchte hören die Schalmeien
Und der Herden Glockenklang,
Möchte freuen mich im Freien
An der Vögel süßem Sang.

Schöner Frühling, komm doch wieder,
Lieber Frühling, komm doch bald,
Bring uns Blumen, Laub und Lieder,
Schmücke wieder Feld und Wald!

Ja, du bist uns treu geblieben,
Kommst nun bald in Pracht und Glanz,
Bringst nun bald all deinen Lieben
Sang und Freude, Spiel und Tanz.

Johann Wolfgang Goethe

März

Es ist ein Schnee gefallen,
Denn es ist noch nicht Zeit,
Daß von den Blümlein allen,
Daß von den Blümlein allen
Wir werden hoch erfreut.

Der Sonnenblick betrüget
Mit mildem, falschen Schein,
Die Schwalbe selber lüget,
Die Schwalbe selber lüget,
Warum? Sie kommt allein!

Sollt' ich mich einzeln freuen,
Wenn auch der Frühling nah?
Doch kommen wir zu zweien,
Doch kommen wir zu zweien,
Gleich ist der Sommer da.

Erich Kästner

Der März

Sonne lag krank im Bett.
Sitzt nun am Ofen.
Liest, was gewesen ist.
Liest Katastrophen.

Springflut und Havarie,
Sturm und Lawinen, –
gibt es denn niemals Ruh
drunten bei Ihnen?

Schaut den Kalender an.
Steht drauf: „Es werde!"
Greift nach dem Opernglas.
Blickt auf die Erde.

Schnee vom vergangenen Jahr
blieb nicht der gleiche.
Liegt wie ein Bettbezug
klein auf der Bleiche.

Winter macht Inventur.
Will sich verändern.
Schrieb auf ein Angebot
aus andern Ländern.

Mustert im Fortgehn noch
Weiden und Erlen.
Kätzchen blühn silbergrau.
Schimmern wie Perlen.

In Baum und Krume regt
sich's allenthalben.
Radio meldet schon
Störche und Schwalben.

Schneeglöckchen ahnen nun,
was sie bedeuten.
Wenn du die Augen schließt,
hörst du sie läuten.

Franz Werfel

Vorfrühling

Der Schnee des Rasens wird schon räudig,
Weil ihn ein kleiner Wind berennt.
Der Himmel dehnt sich traurig-freudig,
Ein leerer Rekonvaleszent.

Das Strauchwerk krampft den Arm nach oben.
Die Ruten dulden leidbereit,
Daß Spatzenvölker sie durchtoben
Mit pöbelnder Begehrlichkeit.

Noch ist kein Schaft zu treiben willig,
Da er die Weckung nicht begreift,
Indes die Vogelwolke schrillig
Um Einlaß schon und Anfang keift.

Ludwig Uhland

Frühlingsglaube

Die linden Lüfte sind erwacht,
Sie säuseln und weben Tag und Nacht,
Sie schaffen an allen Enden.
O frischer Duft, o neuer Klang!
Nun, armes Herze, sei nicht bang!
Nun muß sich alles, alles wenden.

Die Welt wird schöner mit jedem Tag,
Man weiß nicht, was noch werden mag,
Das Blühen will nicht enden.
Es blüht das fernste, tiefste Tal;
Nun, armes Herz, vergiß der Qual!
Nun muß sich alles, alles wenden.

Eduard Mörike

Er ist's

Frühling läßt sein blaues Band
Wieder flattern durch die Lüfte;
Süße, wohlbekannte Düfte
Streifen ahnungsvoll das Land.
Veilchen träumen schon,
Wollen balde kommen.
– Horch, von fern ein leiser Harfenton!
  Frühling, ja du bist's!
Dich hab' ich vernommen!

Karl Krolow

Neues Wesen

Blau kommt auf
wie Mörikes leiser Harfenton.
Immer wieder
wird das so sein.
Die Leute streichen
ihre Häuser an.
Auf die verschiedenen Wände
scheint Sonne.
Jeder erwartet das.
Frühling, ja, du bist's!
Man kann das nachlesen.
Die grüne Hecke ist ein Zitat
aus einem unbekannten Dichter.

Die Leute streichen auch
ihre Familien an, die Autos,
die Boote,
Ihr neues Wesen
gefällt allgemein.

Ludwig Christoph Heinrich Hölty

Mailied

Willkommen, liebe Sommerzeit,
Willkommen, schöner Mai,
Der Blumen auf den Anger streut
Und alles machet neu.

Die Vögel höhen ihren Sang,
Der ganze Buchenhain
Wird süßer, süßer Silberklang,
Und Bäche murmeln drein.

Rot stehn die Blumen, weiß und blau,
Und Mädchen pflücken sie,
Bald auf der Flur, bald auf der Au,
Ahi, Herr Mai, ahi!

Ihr Busen ist von Blümchen bunt,
Ich sah ihn schöner nie,
Es lacht ihr rosaroter Mund,
Ahi, Herr Mai, ahi!

Georg Britting

Am offenen Fenster bei Hagelwetter

Himmlisches Eis
Sprang mir auf den Tisch,
Rund, silberweiß.
Schoß wie ein Fisch

Weg von der Hand,
Dies greifen wollt,
Schmolz und verschwand.
Blitzend wie Gold

Blieb auf dem Holz
Nur ein Tropfen dem Blick.
Mächtig die Sonne
Sog ihn zurück.

Nikolaus Lenau

Das Gewitter

Noch immer lag ein tiefes Schweigen
Rings auf den Höh'n; doch plötzlich fuhr
Der Wind nun auf zum wilden Reigen
Die sausende Gewitterspur.

Am Himmel eilt mit dumpfem Klange
Herauf der finstre Wolkenzug:
So nimmt der Zorn im heißen Drange
Den nächtlichen Gedankenflug.

Der Himmel donnert seinen Hader;
Auf seiner dunklen Stirne glüht
Der Blitz hervor, die Zornesader,
Die Schrecken auf die Erde sprüht.

Der Regen stürzt in lauten Güssen;
Mit Bäumen, die der Sturm zerbrach,
Erbraust der Strom zu meinen Füßen; –
Doch schweigt der Donner allgemach.

Der Sturm läßt seine Flügel sinken,
Der Regen säuselt milde Ruh;
Da sah ich froh ein Hüttlein winken
Und eilte seiner Pforte zu.

Theodor Storm

Abseits

Es ist so still; die Heide liegt
Im warmen Mittagssonnenstrahle,
Ein rosenroter Schimmer fliegt
Um ihre alten Gräbermale;
Die Kräuter blühn; der Heideduft
Steigt in die blaue Sommerluft.

Laufkäfer hasten durchs Gesträuch
In ihren goldnen Panzerröckchen,
Die Bienen hängen Zweig um Zweig
Sich an der Edelheide Glöckchen,
Die Vögel schwirren aus dem Kraut –
Die Luft ist voller Lerchenlaut.

Ein halbverfallen niedrig Haus
Steht einsam hier und sonnbeschienen;
Der Kätner lehnt zur Tür hinaus,
Behaglich blinzelnd nach den Bienen;
Sein Junge auf dem Stein davor
Schnitzt Pfeifen sich aus Kälberrohr.

Kaum zittert durch die Mittagsruh
Ein Schlag der Dorfuhr, der entfernten;
Dem Alten fällt die Wimper zu,
Er träumt von seinen Honigernten.
– Kein Klang der aufgeregten Zeit
Drang noch in diese Einsamkeit.

Arno Holz

Mählich durchbrechende Sonne

Schönes,
grünes, weiches
Gras.

Drin
liege ich.

Inmitten goldgelber
Butterblumen!

Über mir ... warm ... der Himmel:

Ein
weites, schütteres,
lichtwühlig, lichtblendig, lichtwogig
zitterndes
Weiß,
das mir die
Augen
langsam ... ganz ... langsam
schließt.

Wehende ... Luft ... kaum merklich
ein Duft, ein
zartes ... Summen.

Nun
bin ich fern
von jeder Welt,
ein sanftes Rot erfüllt mich ganz,
und
deutlich ... spüre ich ... wie die
Sonne
mir durchs Blut
rinnt.

Minutenlang.

Versunken
alles ... Nur noch
ich.

Selig!

Paul Gerhardt

Sommergesang

Geh aus, mein Herz, und suche Freud
In dieser lieben Sommerzeit
An deines Gottes Gaben:
Schau an der schönen Gärten Zier
Und siehe, was sie mir und dir
Sich ausgeschmücket haben.

Die Bäume stehen voller Laub,
Das Erdreich decket seinen Staub
Mit einem grünen Kleide.
Narzissus und die Tulipan,
Die ziehen sich viel schöner an
Als Salomonis Seide.

Die Lerche schwingt sich in die Luft,
Das Täublein fleucht aus seiner Kluft
Und macht sich in die Wälder;

Die hochbegabte Nachtigall
Ergötzt und füllt mit ihrem Schall
Berg, Hügel, Tal und Felder.

Die Glucke führt ihr Völklein aus,
Der Storch baut und bewohnt sein Haus,
Das Schwälblein speist ihr' Jungen;
Der schnelle Hirsch, das leichte Reh
Ist froh und kommt aus seiner Höh
Ins tiefe Gras gesprungen.

Die Bächlein rauschen in dem Sand
Und malen sich und ihren Rand
Mit schattenreichen Myrten;
Die Wiesen liegen hart dabei
Und klingen ganz von Lustgeschrei
Der Schaf und ihrer Hirten.

Die unverdroßne Bienenschar
Zeucht hin und her, sucht hier und dar
Ihr edle Honigspeise.
Des süßen Weinstocks starker Saft
Bringt täglich neue Stärk und Kraft
In seinem schwachen Reise.

Der Weizen wächset mit Gewalt,
Darüber jauchzet jung und alt
Und rühmt die große Güte
Des, der so überflüssig labt
Und mit so manchem Gut begabt
Das menschliche Gemüte.

Ich selbsten kann und mag nicht ruhn;
Des großen Gottes großes Tun
Erweckt mir alle Sinnen:
Ich singe mit, wenn alles singt,
Und lasse, was dem Höchsten klingt,
Aus meinem Herzen rinnen.

(gekürzt)

Georg Heym

Sommernachmittag

Der Regen rauscht in einer weißen Wand.
Die Wolken fliehn, als ob sie Sturm zerbliese.
Das Regenwasser läuft am Straßenrand
Und auf dem Asphalt hin in heller Brise.

Die Straßenbäume schwanken an den glatten
Pfählen, und zeigen weiß den Blättergrund.
Wie eine schwarze Schar von großen Ratten,
So stehn die Schirme vor des Bahnhofs Mund.

Sarah Kirsch

Im Sommer

Dünnbesiedelt das Land.
Trotz riesigen Feldern und Maschinen
Liegen die Dörfer schläfrig
In Buchsbaumgärten; die Katzen
Trifft selten ein Steinwurf.

Im August fallen Sterne.
Im September bläst man die Jagd an.
Noch fliegt die Graugans, spaziert der Storch
Durch unvergiftete Wiesen. Ach, die Wolken
Wie Berge fliegen sie über die Wälder.

Wenn man hier keine Zeitung hält
Ist die Welt in Ordnung.
In Pflaumenmuskesseln
Spiegelt sich schön das eigne Gesicht und
Feuerrot leuchten die Felder.

Karl Krolow

Im Birnbaumschatten

Der Schatten, den ich mir erwählt,
Erfrischt mich kaum.
Die Hitze hat das Holz geschält
Am Birnenbaum.

Am Stamm die schwarze Rinde riß
Mit leisem Ton.
Und Staubgeruch und Sandkornbiß
Woll'n mich bedrohn.

Verbrannte Luft, die Schwäche bringt,
Fließt durchs Gezweig.
Wehrlos die erste Birne sinkt
Auf grünem Steig.

Und andre folgen lautlos nach
Mit dumpfem Fall.
Es trägt der Wind vom Zaun her schwach
Rapsschotenknall.

Das Fruchtfleisch, das im Gras zerplatzt,
Gibt süßen Schein.
Die Grille, die im Dunkeln schwatzt,
Hält plötzlich ein.

Ich trau' dem schweren Schatten nicht
Und lausche kurz,
Wie sich die Stille unterbricht
Im Birnensturz.

Gottfried Benn

Astern

Astern – schwälende Tage,
alte Beschwörung, Bann,
die Götter halten die Waage
eine zögernde Stunde an.

Noch einmal die goldenen Herden
der Himmel, das Licht, der Flor,
was brütet das alte Werden
unter den sterbenden Flügeln vor?

Noch einmal das ersehnte,
den Rausch, der Rosen Du –
der Sommer stand und lehnte
und sah den Schwalben zu,

noch einmal ein Vermuten,
wo längst Gewißheit wacht:
die Schwalben streifen die Fluten
und trinken Fahrt und Nacht.

Wilhelm Lehmann

Testament des Sommers

Mach mich schön, spricht Sommertag.
Ehe ich verscheide,
Streue als den letzten Putz
Rose ihre Seide.

Meines Leichenhemdes Naht
Nähe dünner Faden.
Seidenraupe müßtest du
Ihn zu spinnen laden.

Lösen mich die Lüfte auf,
Soll es niemand klagen,
Unbekannten Dichter laß
Ein paar Verse sagen.

Eduard Mörike

Septembermorgen

Im Nebel ruhet noch die Welt,
Noch träumen Wald und Wiesen:
Bald siehst du, wenn der Schleier fällt,
Den blauen Himmel unverstellt,
Herbstkräftig die gedämpfte Welt
In warmem Golde fließen.

Peter Huchel

September

Noch nistet die Sonne im Duft.
Noch schleifen die Lerchen ihren Gesang
am Rand der weißen Luft.

Im Kielwasser alter Jahre zieht
der hungrige Pflug.
Die Störche sammeln sich am Ried.

Die Pappeln erglänzen im Silberschauer.
Die Felder sind leer.
Es fiel die sicheldurchblitzte Mauer.

Hermann Kasack

Alte Klage

Hinter den Hügeln, wo fette Wälder
Ihr Kronenlaub im Herbst entflammen,
Zögert der Mond über farblosen Feldern.
Fröstelnd kriecht das Gebüsch zusammen.
Eisige Braue des Windes, in allen
Frauengesichtern nachgezogen,
Beerenrot, Beerenschwarz, lange verfallen.
Und die zärtlichen Sätze verflogen.

Rainer Maria Rilke

Herbsttag

HERR: es ist Zeit. Der Sommer war sehr groß.
Leg deinen Schatten auf die Sonnenuhren,
und auf den Fluren laß die Winde los.

Befiehl den letzten Früchten voll zu sein;
gib ihnen noch zwei südlichere Tage,
dränge sie zur Vollendung hin und jage
die letzte Süße in den schweren Wein.

Wer jetzt kein Haus hat, baut sich keines mehr.
Wer jetzt allein ist, wird es lange bleiben,
wird wachen, lesen, lange Briefe schreiben
und wird in den Alleen hin und her
unruhig wandern, wenn die Blätter treiben.

Friedrich Hebbel

Herbstbild

Dies ist ein Herbsttag, wie ich keinen sah!
Die Luft ist still, als atmete man kaum,
Und dennoch fallen raschelnd, fern und nah,
Die schönsten Früchte ab von jedem Baum.

O stört sie nicht, die Feier der Natur!
Dies ist die Lese, die sie selber hält,
Denn heute löst sich von den Zweigen nur,
Was vor dem milden Strahl der Sonne fällt.

Günter Bruno Fuchs

Herbst-Werbung

1

Hier sehen Sie den Herbst! Ein Freund
jeder Familie, die Hausfrau
schätzt seinen sparsamen
Blätterverbrauch. Ohne Nachnahme
stellt er sich ein, und wenn du
genug von ihm hast,
erstattet er dir selbstverständlich
den vollen Betrag. (Riskiere den Herbst
in bequemen Monatsraten!)

2

Warum sollte
die Polizei böse sein
oder grimmig werden
gegen den Herbst? Sie feiert ohnehin
ihre Feste, wie's ihr gefällt,
und wer ihre großen Stunden nur kennt,
weiß nicht, wie angenehm
die kleinen sind.

3

Nein, nein, der Herbst,
von Meisterhand geschaffen,
hat es nicht nötig, Modell zu stehn
für altdeutsche Möbel
in Nußbaum. Bei ihm ist sowieso
jedes Stück schöner
als das andere. Er bringt siebentausend
Angebote, manche auch
farbig.

Beizeiten
sorgt er für Ordnung,
und träumende Straßenfeger
bekommen von ihm kostenlose Antwort
auf viele Fragen.

Georg Heym

Der Herbst

Viele Drachen stehen in dem Winde,
Tanzend in der weiten Lüfte Reich.
Kinder stehn im Feld in dünnen Kleidern,
Sommersprossig und mit Stirnen bleich.

In dem Meer der goldnen Stoppeln segeln
Kleine Schiffe, weiß und leicht erbaut;
Und in Träumen seiner leichten Weite
Sinkt der Himmel wolkenüberblaut.

Weit gerückt in unbewegter Ruhe
Steht der Wald wie eine rote Stadt.
Und des Herbstes goldne Flaggen hängen
Von den höchsten Türmen schwer und matt.

Georg Trakl

Verklärter Herbst

Gewaltig endet so das Jahr
mit goldnem Wein und Frucht der Gärten,
rund schweigen Wälder wunderbar
und sind des Einsamen Gefährten.

Da sagt der Landmann: Es ist gut.
Ihr Abendglocken lang und leise
gebt noch zum Ende frohen Mut.
Ein Vogelzug grüßt auf der Reise.

Es ist der Liebe milde Zeit.
Im Kahn den blauen Fluß hinunter,
wie schön sich Bild an Bildchen reiht –
das geht in Ruh und Schweigen unter.

Stefan George

Komm in den totgesagten park und schau:
Der schimmer ferner lächelnder gestade ·
Der reinen wolken unverhofftes blau
Erhellt die weiher und die bunten pfade.

Dort nimm das tiefe gelb · das weiche grau
Von birken und von buchs · der wind ist lau ·
Die späten rosen welkten noch nicht ganz ·
Erlese küsse sie und flicht den kranz·

Vergiss auch diese letzten astern nicht ·
Den purpur um die ranken wilder reben
Und auch was übrig blieb von grünem leben
Verwinde leicht im herbstlichen gesicht.

Heinrich Heine

Verdrossnen Sinn im kalten Herzen hegend,
Reis ich verdrießlich durch die kalte Welt,
Zu Ende geht der Herbst, ein Nebel hält
Feuchteingehüllt die abgestorbne Gegend.

Die Winde pfeifen, hin und her bewegend
Das rote Laub, das von den Bäumen fällt,
Es seufzt der Wald, es dampft das kahle Feld,
Nun kommt das Schlimmste noch, es regent.

Hans Bender

November

Toter Baum, totes Haus,
Dorf, den Tod im Blick.
Plakat, Photo, Belohnung:
Mörder gesucht!

Klauen modernder Blätter
krallen in seine Spur.
Vogelscheuche hebt
in die Dämmerung seine Keule.

Im Feuer hinter dem Wald
brät er sein Fleisch.
Kains niedergedrückter Rauch
kriecht über den Acker.

Matthias Claudius

Ein Lied hinterm Ofen zu singen

Der Winter ist ein rechter Mann,
Kernfest und auf die Dauer;
Sein Fleisch fühlt sich wie Eisen an
Und scheut nicht süß noch sauer.

War je ein Mann gesund, ist er's;
Er krankt und kränkelt nimmer,
Weiß nichts von Nachtschweiß noch Vapeurs
Und schläft im kalten Zimmer.

Er zieht sein Hemd im Freien an
Und läßt's vorher nicht wärmen
Und spottet über Fluß im Zahn
Und Kolik in Gedärmen.

Aus Blumen und aus Vogelsang
Weiß er sich nichts zu machen,
Haßt warmen Drang und warmen Klang
Und alle warmen Sachen.

Doch wenn die Füchse bellen sehr,
Wenn's Holz im Ofen knittert
Und um den Ofen Knecht und Herr
Die Hände reibt und zittert,

Wenn Stein und Bein vor Frost zerbricht
Und Teich' und Seen krachen,
Das klingt ihm gut, das haßt er nicht,
Denn will er sich tot lachen. –

Sein Schloß von Eis liegt ganz hinaus
Beim Nordpol an dem Strande;
Doch hat er auch ein Sommerhaus
Im lieben Schweizerlande.

Da ist er denn bald dort, bald hier,
Gut Regiment zu führen.
Und wenn er durchzieht, stehen wir
Und sehn ihn an und frieren.

Detlev von Liliencron

Die Sonne leiht dem Schnee das Prachtgeschmeide,
Doch ach! wie kurz ist Schein und Licht.
Ein Nebel tropft, und traurig zieht im Leide
Die Landschaft ihren Schleier dicht.

Ein Häslein nur fühlt noch des Lebens Wärme,
Am Weidenstumpfe hockt es bang.
Doch kreischen hungrig schon die Rabenschwärme
Und hacken auf den sichern Fang.

Bis auf den schwarzen Schlammgrund sind gefroren
Die Wasserlöcher und der See.
Zuweilen geht ein Wimmern, wie verloren,
Dann stirbt im toten Wald ein Reh.

Georg Trakl

Im Winter

Der Acker leuchtet weiß und kalt.
Der Himmel ist einsam und ungeheuer.
Dohlen kreisen über dem Weiher
Und Jäger steigen nieder vom Wald.

Ein Schweigen in schwarzen Wipfeln wohnt.
Ein Feuerschein huscht aus den Hütten.
Bisweilen schellt sehr fern ein Schlitten
Und langsam steigt der graue Mond.

Ein Wild verblutet sanft am Rain
Und Raben plätschern in blutigen Gossen.
Das Rohr bebt gelb und aufgeschossen.
Frost, Rauch, ein Schritt im leeren Hain.

Peter Huchel

Wintersee

Ihr Fische, wo seid ihr
mit schimmernden Flossen?
Wer hat den Nebel,
das Eis beschossen?

Ein Regen aus Pfeilen,
ins Eis gesplittert,
so steht das Schilf
und klirrt und zittert.

Rose Ausländer

Kreisen

Wieder ein Jahr als Ring
in den Baum gewachsen
der stillsteht und
ahnungslos kreist
mit der Erde

Auch die Geschöpfe
merken nicht daß sie kreisen
und Jahre sie einkreisen
atemstark
wie den Baum

„Und doch! Sonne und Wälder toben vorbei“

(Franz Werfel)

Bertolt Brecht

Der Rauch

Das kleine Haus unter Bäumen am See.
Vom Dach steigt Rauch
Fehlte er
Wie trostlos dann wären
Haus, Bäume und See.

Günter Kunert

Beziehung zu Wolken

Aber die Wolken brauche ich nicht zu loben:
den beweglichen Flug
ihrer faserigen Formlosigkeiten
oder
ihr fettes Aufgetürmtsein im
grellen Scheinwerferlicht eines Sommertages:
als irgendein bedeutendes Alswie.

Denkt an Regen, denkt an Schatten:
beides gegeben umsonst und
mit freundlichem Schweigen. Ich
lobe die Wolken.

Franz Werfel

Und doch

Und doch! Sonne und Wälder toben vorbei,
Eis steht im Teich. Windmühlen wunderbar
tanzen am Himmel, und eine Vogelschar
hängt im Unendlichen frei.

Ernst Stadler

Schwerer Abend

Die Tore aller Himmel stehen hoch dem Dunkel offen,
Das lautlos einströmt, wie in bodenlosen Trichter
Land niederreißend. Schatten treten dichter
Aus lockren Poren nachtgefüllter Schollen.
Die Pappeln, die noch kaum von Sonne troffen,
Sind stumpf wie schwarze Kreuzesstämme übers Land geschlagen.
Die Äcker wachsen grau und drohend – Ebenen trüber Schlacke.
Nacht wirbelt aus den Wolkengruben, über die die Stöße rollen
Schon kühler Winde, und im dämmrigen Gezacke
Hellgrüner Weidenbüschel, drin es rastend sich und röchelnd
Verglast das letzte Licht. [eingeschlagen,

Walter Höllerer

Im Mittagslicht

Ein Rosenkäfer findet durch den Duft die Furt.
Ein Mauersegler ritzt mit Flügeln dunkles Blau.
Ein Mädchen liest in einem Buch
Die Linien ohne Furcht.

Am Halm umgrenzt sich ein Kristall.
In fernen Nebeln sirrt ein Silberstern.
Durch Adern zuckt es brennend rot:
Es ist. Ich bin.

Es wandern Masten, schwarz, in Reih'n durchs Land.
Ein Flugzeug schwimmt am Wolkenrand.
Hornisse tobt, sekundenschnell, im Sand – im Kreis,
Das Licht, der Tag ist hell, ist heiß.

Oskar Loerke

Märkische Landschaft

Umdämmerte Kiefern stehn kalt und stark.
Schon wachsen auf Wiesen die Nebel der Mark.
Noch lebt es auf dem Eise,
Der Schlittschuh schneidet Kreise.

Der Wald verschlummert zum Geisterpark,
Bis oben stieg Rauhreif und Nebel der Mark.
Nichts schwebt mehr auf dem Eise,
Es starren die Schlittschuhkreise.

Sehr triefen und grauen die Nebel der Mark.
Weit hinten wächst Kiefernholz zum Sarg . . .
Es schleicht auf grauem Eise
Und schneidet Schicksalskreise.

Max Herrmann-Neisse

Im Vollmondglanze

Die Strandkabinen sind im Vollmondglanze
wie Marmorbilder auf dem weißen Sand,
und über sie wirft seine Flammenlanze
des Leuchtturms schmale, geisterbleiche Hand.

Man hört die Wellen seinen Fels berennen,
der unberührt den Stürmen widersteht.
In fernen Schiffen fremde Lichter brennen,
der tote Lotse auf den Wogen geht.

Weit draußen wetterleuchten Wolkenkämpfe,
es grollt des Schlachtenrufers dunkler Baß.

Aus Dünenkesseln steigen schwüle Dämpfe,
vom Tau der Nacht sind Pfahl und Fahne naß.

Nur ein paar flüchtige Sterne, schon im Schwinden,
haben die Welt mit einem Blick bedacht;
dann ist sie mit den Wassern und den Winden
allein und mit dem nackten Glanz der Nacht.

Eduard Mörike

Um Mitternacht

Gelassen stieg die Nacht ans Land,
Lehnt träumend an der Berge Wand,
Ihr Auge sieht die goldne Waage nun
Der Zeit in gleichen Schalen stille ruhn;
Und kecker rauschen die Quellen hervor,
Sie singen der Mutter, der Nacht, ins Ohr
Vom Tage,
Vom heute gewesenen Tage.

Das uralt alte Schlummerlied,
Sie achtet's nicht, sie ist es müd;
Ihr klingt des Himmels Bläue süßer noch,
Der flüchtgen Stunden gleichgeschwungnes Joch.
Doch immer behalten die Quellen das Wort,
Es singen die Wasser im Schlafe noch fort
Vom Tage,
Vom heute gewesenen Tage.

Theodor Storm

Die Stadt

Am grauen Strand, am grauen Meer
Und seitab liegt die Stadt;
Der Nebel drückt die Dächer schwer,
Und durch die Stille braust das Meer
Eintönig um die Stadt.

Es rauscht kein Wald, es schlägt im Mai
Kein Vogel ohn' Unterlaß;
Die Wandergans mit hartem Schrei
Nur fliegt in Herbstesnacht vorbei,
Am Strande weht das Gras.

Doch hängt mein ganzes Herz an dir,
Du graue Stadt am Meer;
Der Jugend Zauber für und für
Ruht lächelnd doch auf dir, auf dir,
Du graue Stadt am Meer.

Theodor Storm

Meeresstrand

Ans Haff nun fliegt die Möve,
Und Dämmrung bricht herein;
Über die feuchten Watten
Spiegelt der Abendschein.

Graues Geflügel huschet
Neben dem Wasser her;
Wie Träume liegen die Inseln
Im Nebel auf dem Meer.

Ich höre des gärenden Schlammes
Geheimnisvollen Ton,
Einsames Vogelrufen –
So war es immer schon.

Noch einmal schauert leise
Und schweiget dann der Wind;
Vernehmlich werden die Stimmen,
Die über der Tiefe sind.

Heinrich Heine

Das Fräulein stand am Meere
Und seufzte lang und bang,
Es rührte sie so sehre
Der Sonnenuntergang.

Mein Fräulein! Sei'n Sie munter,
Das ist ein altes Stück;
Hier vorne geht sie unter
Und kehrt von hinten zurück.

Georg Trakl

Musik im Mirabell

Ein Brunnen singt. Die Wolken stehn
Im klaren Blau, die weißen, zarten.
Bedächtig stille Menschen gehn
Am Abend durch den alten Garten.

Der Ahnen Marmor ist ergraut.
Ein Vogelzug streift in die Weiten.
Ein Faun mit toten Augen schaut
Nach Schatten, die ins Dunkel gleiten.

Das Laub fällt rot vom alten Baum
Und kreist herein durchs offne Fenster.
Ein Feuerschein glüht auf im Raum
Und malet trübe Angstgespenster.

Ein weißer Fremdling tritt ins Haus.
Ein Hund stürzt durch verfallene Gänge.
Die Magd löscht eine Lampe aus,
Das Ohr hört nachts Sonatenklänge.

Conrad Ferdinand Meyer

Der römische Brunnen

Aufsteigt der Strahl und fallend gießt
er voll der Marmorschale Rund,
die, sich verschleiernd, überfließt
in einer zweiten Schale Grund;
die zweite gibt, sie wird zu reich,
der dritten wallend ihre Flut,
und jede nimmt und gibt zugleich
und strömt und ruht.

Richard Dehmel

Drohende Aussicht

Der Himmel kreist, dir schwankt das Land,
vom Schnellzug hin und her geschüttelt
saust Ackerrand um Ackerrand,
ein Frösteln hat dich wachgerüttelt:
die Morgensonne kommt.

Mühsam entstiebt dem Nebelzelt
ein Krähnvolk, herbstlich abgemagert,
indes sich dick aufs Düngerfeld
der Frührauch der Fabriken lagert;
die Morgensonne kommt.

Schwarz schiebt sich durch den grauen Flor
ein langer Zug von Schlackenbergen,
Schornstein an Schornstein schnellt empor,
die Morgensonne kommt.
Schreckhafte Hüter neben Särgen;
die Morgensonne kommt.

Vom Horizont her nahn mit Hast
und einen sich zwei Straßendämme,
von Apfelbäumen eingefaßt,
schon blaß beglänzt die knorrigen Stämme;

Jach folgt zum anderen Himmelssaum
dein Blick den fruchtberaubten Zweigen,
und plötzlich siehst du Baum an Baum
sein brandrot glühendes Laub dir zeigen:
der Tag ist da!

Gerrit Engelke

Stadt

Zehntausend starre Blöcke sind im Tal errichtet,
Aus: Stein auf Stein um Holz- und Eisenroste hochgeschichtet;
Und Block an Block zu einem Berg gedrückt,
Von Dampfrohr, Turm und Bahn noch überbrückt,
Von Draht, der Netz an Netze spinnt.
Der Berg, von vielen Furchen tief durchwühlt:
Das ist das große Labyrinth,
Dadurch das Schicksal Mensch um Menschen spült.

Fünfhunderttausend rollt im Kreis das große Leben
Durch alle Rinnen fort und fort in ungeheurem Streben:
In Kaufhaus, Werkstatt, Saal und Bahnhofshalle,
In Schule, Park, am Promenadenwalle,
Im Fahrstuhlschacht, im Bau am Kran,
Treppauf und ab, durch Straßen über Plätze,
Auf Wagen, Rad und Straßenbahn:
Da schäumt des Menschenstrudels wirre Hetze.

Fünfhunderttausend Menschen rollt das große Leben
Durch alle Rinnen fort und fort in ungeheurem Streben.
Und karrt der Tod auch hundert täglich fort,
Es braust der Lärm wie sonst an jedem Ort.
Schleppt er vom Hammer-Block den Schmied,
Schleppt er vom Kurven-Gleis den Wagenleiter:
Noch stärker brüllt das Straßenlied:
Der Wagen fährt – der Hammer dröhnt weiter.

Hermann Hesse

Der Maler malt eine Fabrik im Tal

Du auch bist schön, Fabrik im grünen Tal,
Ob auch verhaßter Dinge Sinnbild und Heimat:
Jagd nach Geld, Sklaverei, düstre Gefangenschaft.
Du auch bist schön! Oft erfreut
Deiner Dächer zärtliches Rot mir das Auge
Und dein Mast, deine Fahne: das stolze Kamin!
Sei gegrüßt auch du und geliebt,
Holdes verschossenes Blau an ärmlichen Häusern,
Wo es nach Seife, nach Bier und nach Kindern riecht!
In der Wiesen Grün, in das Violett der Äcker
Spielt das Häusergeschachtel und Dächerrot
Freudig hinein, freudig und doch auch zart,
Bläsermusik, Oboe und Flöte verwandt.
Lachend tauch ich den Pinsel in Lack und Zinnober.
Wische über die Felder mit staubigem Grün,
Aber schöner als alles leuchtet das rote Kamin,
Senkrecht in diese törichte Welt gestellt,
Ungeheuer stolz, ebenso schön wie lächerlich,
Zeiger an eines Riesen kindlicher Sonnenuhr.

Oskar Loerke

Blauer Abend in Berlin

Der Himmel fließt in steinernen Kanälen;
Denn zu Kanälen steilrecht ausgehauen
Sind alle Straßen, voll vom Himmelblauen;
Und Kuppeln gleichen Bojen, Schlote Pfählen.

Im Wasser. Schwarze Essendämpfe schwelen
Und sind wie Wasserpflanzen anzuschauen.
Die Leben, die sich ganz am Grunde stauen,
Beginnen sacht vom Himmel zu erzählen,

Gemengt, entwirrt nach blauen Melodien.
Wie eines Wassers Bodensatz und Tand
Regt sie des Wassers Wille und Verstand

Im Dünen, Kommen, Gehen, Gleiten, Ziehen.
Die Menschen sind wie grober bunter Sand
Im linden Spiel der großen Wellenhand.

Georg Heym

Der Gott der Stadt

Auf einem Häuserblocke sitzt er breit.
Die Winde lagern schwarz um seine Stirn.
Er schaut voll Wut, wo fern in Einsamkeit
Die letzten Häuser in das Land verirrn.

Vom Abend glänzt der rote Bauch dem Baal,
die großen Städte knien um ihn her.
Der Kirchenglocken ungeheure Zahl
Wogt auf zu ihm aus schwarzer Türme Meer.

Wie Korybanten-Tanz dröhnt die Musik
Der Millionen durch die Straßen laut.
Der Schlote Rauch, die Wolken der Fabrik
Ziehn auf zu ihm, wie Duft von Weihrauch blaut.

Das Wetter schwelt in seinen Augenbrauen.
der dunkle Abend wird in Nacht betäubt.
Die Stürme flattern, die wie Geier schauen
Von seinem Haupthaar, das im Zorne sträubt.

Er streckt ins Dunkel seine Fleischerfaust.
Er schüttelt sie. Ein Meer von Feuer jagt
Durch eine Straße. Und der Glutqualm braust
Und frißt sie auf, bis spät der Morgen tagt.

Ludwig Fels

Hauptverkehrsstraße

Wir gehen die Straße runter
oder rauf
im Gestank der Autos.
Wir machen das öfters am Tag
wo doch einmal schon zuviel ist.
Ich geh immer mit
um das Grün an der Ampel zu genießen
oder ein paar Holztore.
Wir kennen uns aus.
Wenn abends einer fehlt
dann haben ihn die Kneipen verschluckt
oder ein Klinikzimmer.
Wir verbrauchen die Luft
bei der wir keine Auswahl haben
mit Kratzen im Hals
das wir mit vielen teilen.
Gegen Motorengeräusche hilft nur noch Musik.
Unsere Badewanne ist stets voll besetzt.
Wenn ich alte Leute treffe
glaube ich wieder an Wunder
gewinne Zuversicht und trotzdem
würde ich laufend warnen
wenn ich eine Sirene wär.

Rolf Dieter Brinkmann

Oh, friedlicher Mittag

mitten in der Stadt, mit den verschiedenen
Mittagessengerüchen im Treppenhaus. Die Fahrräder
stehen im Hausflur, abgeschlossen, neben
dem Kinderwagen, kein Laut ist zu hören.

Die Prospekte sind aus den Briefkästen
genommen und weggeworfen worden. Die Briefkästen
sind leer. Sogar das Fernsehen hat die türkische
Familie abgestellt, deren Küchenfenster

zum Lichtschacht hin aufgeht. Ich höre
Porzellan, Teller und Bestecke, dahinter
liegen Gärten, klar und kühl, in einem blassen
Frühlingslicht. Es sind überall die seltsamen

Erzählungen von einem gewöhnlichen Leben ohne
Schrecken am Mittwoch, genau wie heute. Der Tag
ist, regenhell, verwehte Laute: oh friedlicher
Mittwoch mit Zwiebeln, auf dem Tisch,

mit Tomaten und Salat.
Die Vorhaben und Schindereien sind
zerfallen, und man denkt, wie friedlich
der Mittwoch ist

Wolken über dem Dach, blau, und
Stille in den Zimmern, friedlich und still und
genauso offen wie Porree, wie Petersilie grün ist
und die Erbsen heiß sind.

Walter Helmut Fritz

Heute abend

In dieser Straße lebe ich also.
Der Zaun, die Telefonzelle, wie sind sie nah,
auch die Häuser, an denen ich vorbeigehe,
verändert, unverändert seit Jahren.

Vom Flughafen das Licht des Scheinwerfers
kreist nachts über den Dächern,
huscht über die Fenster,
hinter denen ich also wohne.

Vor mich hintrottend
spüre ich der Luft schöne Kälte.
In diesem Körper bin ich also,
gehüllt in diesen Mantel.

Das Metall des Schlüssels,
mit dem ich die Tür öffnen werde,
zum wievielten Mal, ist heute abend
fester und kühler, als es je war.

Jürgen Becker

Langsam, ein Sonntag

Im hellen Dunst des Mittags. Über den Vorort
zieht der Geruch von Braten und Mokka.
Die Augenblicke möglicher Versöhnung. Immer noch
sind die Straßen leerer als sonst. Und
die Mehrheit der Bäume atmet.

Albin Zollinger

Sonntag

Ganz ferne Musik.
Mundharmonika oder Kirchweih.
Es riecht nach Sonne in Sägespänen.
Hemdärmel der Knechte
Bauschen sich, Bohnenblüten.
In Kammern tropft Harz.
Vom Sommer der Zeitung
Schlummert der Ahn
In bestaubten Kamillen.
Radfahrervereine
Läuten schalmeiend vorüber.
Der Biergarten klappert.

Erich Kästner

Im Auto über Land

An besonders schönen Tagen
ist der Himmel sozusagen
wie aus blauem Porzellan.
Und die Federwolken gleichen
weißen, zart getuschten Zeichen,
wie wir sie auf Schalen sahn.

Alle Welt fühlt sich gehoben,
blinzelt glücklich schräg nach oben
und bewundert die Natur.
Vater ruft direkt verwegen:
„'n Wetter, glatt zum Eierlegen!"
(Na, er renommiert wohl nur.)

Und er steuert ohne Fehler
über Hügel und durch Täler.
Tante Paula wird es schlecht.
Doch die übrige Verwandtschaft
blickt begeistert in die Landschaft.
Und der Landschaft ist es recht.

Um den Kopf weht eine Brise
von besonnter Luft und Wiese,
dividiert durch viel Benzin.
Onkel Theobald berichtet,
was er alles sieht und sichtet.
Doch man sieht's auch ohne ihn.

Den Gesang nach Kräften pflegend
und sich rhythmisch fortbewegend
strömt die Menschheit durchs Revier.
Immer rascher jagt der Wagen.
Und wir hören Vatern sagen:
„Dauernd Wald, und nirgends Bier."

Aber schließlich hilft sein Suchen.
Er kriegt Bier. Wir kriegen Kuchen.
Und das Auto ruht sich aus.
Tante schimpft auf die Gehälter.
Und allmählich wird es kälter.
Und dann fahren wir nach Haus.

Rainer Brambach

Bericht aus dem Garten

Mit den feurigen Offenbarungen
von Rosen
zieht der Mittag in das Haus ein.

Im Eßzimmer wird es still
für die Zeit,
bis das Fleisch verteilt
und die Gläser ausgetrunken sind.

Draußen wirft das Spalier seinen Schatten
auf den ruhenden Gärtner.
Er wird niemals erfahren,
was der Nußbaum verschweigt,
der am Nachmittag fallen muß.

Arnold Leifert

Gezeichnet

die Bäume
an der Straße
nach Frankfurt
sollten geschlagen
werden

jemand
hatte sie gezeichnet
mit einem
†

Bertolt Brecht

Die Pappel vom Karlsplatz

Eine Pappel steht am Karlsplatz
Mitten in der Trümmerstadt Berlin
Und wenn Leute gehn übern Karlsplatz
Sehen sie ihr freundlich Grün.

In dem Winter sechsundvierzig
Fror'n die Menschen, und das Holz war rar
Und es fielen da viele Bäume
Und es wurd ihr letztes Jahr.

Doch die Pappel dort am Karlsplatz
Zeigt uns heute noch ihr grünes Blatt:
Seid bedankt, Anwohner vom Karlsplatz
Daß man sie noch immer hat!

Jürgen Becker

Im Schatten der Hochhäuser

Die Leute unten haben schlechteren
Fernseh-Empfang. Ihre Kinder, die kleinen,
schießen den ganzen Tag; die größeren
schaffen mehr noch mit ihren Mofas.

Die Leute unten leben in der Nähe
der Wiesen, die mit leeren
Fläschchen und Päckchen, Kippen
und Hundekacke bestreut sind.

Die Leute unten haben weniger Himmel
und zahlen weniger Miete; sie sparen
für Fertighäuser auf dem Land, wo
die Autobahn nahe,
das Kraft- und das Klärwerk im Bau
und der Fernseh-Empfang klar ist.

Hans Kasper

Nachricht

FRANKFURT. Zehntausend Fische erstickten
im öligen Main.
Kein
Grund für die Bürger der Stadt
zu erschrecken.
Die
Strömung ist günstig,
sie treibt
das
Heer der silbernen Leichen,
der fliegengeschmückten,
rasch
an den Quais vorbei.
Der Wind
verweht den Geruch,
ehe er unsere verletzlichen Sinne
erreicht.
Alles
ist auf das beste geordnet.

Wolfdietrich Schnurre

Kassiber

Die Ratten sterben;
wir müssen uns vorsehen:
ein gelblicher Spaltpilz
umstrahlt ihre Leiber.
Wer hat uns
diese Krankheit gebracht?
Die Aussätzigen? Die Gesunden?
Atme nicht mehr so tief;
sie sagen, zuerst
trifft es die Frauen,
dann die Kinder in ihnen;
zuletzt erst die Männer.

Hans Magnus Enzensberger

das ende der eulen

ich spreche von euerm nicht,
ich spreche vom ende der eulen.
ich spreche von butt und wal
in ihrem dunklen haus,
dem siebenfältigen meer,
von den gletschern,
sie werden kalben zu früh,
rab und taube, gefiederten zeugen,
von allem was lebt in lüften
und wäldern, und den flechten im kies,
vom weglosen selbst, und vom grauen moor
und den leeren gebirgen:

auf radarschirmen leuchtend
zum letzten mal, ausgewertet
auf meldetischen, von antennen
tödlich befingert floridas sümpfe
und das sibirische eis, tier
und schilf und schiefer erwürgt
von warnketten, umzingelt
vom letzten manöver, arglos
unter schwebenden feuerglocken,
im ticken des ernstfalls.

wir sind schon vergessen.
sorgt euch nicht um die waisen.
aus dem sinn schlagt euch
die mündelsichern gefühle,
den ruhm, die rostfreien psalmen.
ich spreche nicht mehr von euch,
planern der spurlosen tat,
und von mir nicht, und keinem.
ich spreche von dem was nicht spricht,
von den sprachlosen zeugen,
von ottern und robben,
von den alten eulen der erde.

Ingeborg Bachmann

Freies Geleit

Mit schlaftrunkenen Vögeln
Und winddurchschossenen Bäumen
Steht der Tag auf, und das Meer
Leert einen schäumenden Becher auf ihn.

Die Flüsse wallen ans große Wasser,
Und das Land legt Liebesversprechen
Der reinen Luft in den Mund
Mit frischen Blumen.

Die Erde will keinen Rauchpilz tragen,
Kein Geschöpf ausspeien vorm Himmel,
Mit Regen und Zornesblitzen abschaffen
Die unerhörten Stimmen des Verderbens.

Mit uns will sie die bunten Brüder
Und grauen Schwestern erwachen sehn,
Den König Fisch, die Hoheit Nachtigall
Und den Feuerfürsten Salamander.

Für uns pflanzt sie Korallen ins Meer.
Wäldern befiehlt sie, Ruhe zu halten,
Dem Marmor, die schöne Ader zu schwellen,
Noch einmal dem Tau, über die Asche zu gehn.

Die Erde will ein freies Geleit ins All
Jeden Tag aus der Nacht haben,
Daß noch tausend und ein Morgen wird
Von der alten Schönheit junger Gnaden.

„Weisse schwalben sah ich fliegen“

(Stefan George)

Stefan George

Vogelschau

Weisse schwalben sah ich fliegen ·
Schwalben schnee- und silberweiss ·
Sah sie sich im winde wiegen ·
In dem winde hell und heiss.

Bunte häher sah ich hüpfen ·
Papagei und kolibri
Durch die wunder-bäume schlüpfen
In dem wald der Tusferi.

Grosse raben sah ich flattern ·
Dohlen schwarz und dunkelgrau
Nah am grunde über nattern
Im verzauberten gehau.

Schwalben seh ich wieder fliegen ·
Schnee- und silberweisse schar ·
Wie sie sich im winde wiegen
In dem winde kalt und klar!

Joseph von Eichendorff

Die Sperlinge

Altes Haus mit deinen Löchern,
geiz'ger Bauer, nun ade!
Sonne scheint, von allen Dächern
tröpfelt lustig schon der Schnee,
draußen auf dem Zaune munter
wetzen unsre Schnäbel wir,
durch die Hecken rauf und runter,
in dem Baume vor der Tür
tummeln wir in hellen Haufen
und mit großem Kriegsgeschrei,
um die Liebste uns zu raufen,
denn der Winter ist vorbei!

Günter Eich

Septemberliches Lied vom Storch

Die Sonne brennt noch überm Luch,
Vom Grummet weht der Grasgeruch,
Die Beere kocht im Brombeerschlag
Und lang noch steht die Sonn' im Tag.

Er aber glaubt nicht mehr ans Jahr,
Der auf dem First zu Hause war.
Nach Süden schwang sein Flügelschlag,
Steht lang auch noch die Sonn' im Tag.

Die Frösche quarren doppelt hell,
Die Maus zeigt unbesorgt ihr Fell.
Der ihnen auf der Lauer lag,
Er schwang sich fort vor Tau und Tag,

Obgleich noch wie im Sommerwind
Die Spinne ihre Fäden spinnt,
Die Mücke tanzt im Weidenhag
Und lang noch steht die Sonn' im Tag.

Georg Britting

Raubritter

Zwischen Kraut und grünen Stangen
Jungen Schilfes steht der Hecht,
Mit Unholdsaugen im Kopf, dem langen,
Der Herr der Fische und Wasserschlangen,
Mit Kiefern, gewaltig wie Eisenzangen,
Gestachelt die Flossen: Raubtiergeschlecht.

Unbeweglich, uralt, aus Metall,
Grünspanig von tausend Jahren.
Ein Steinwurf! Wasserspritzen und Schwall:
Er ist blitzend davongefahren.

Butterblume, Sumpfdotterblume, feurig, gelblich rot,
Schaukelt auf den Wasserringen wie ein Seeräuberboot.

Heinz Piontek

Romanze vom schwarzen Hund

Gähnend streckt er seine Läufe,
und im Fell die Flöhe jucken,
Rosenzunge leckt die Schnauze,
sieh, der Mond steht noch am Himmel,
und in einer Lache fröstelt,
blankes Zinn, der Morgenstern.

War's im Traum? Die wilde Horde
prescht am Waldrand hin, und jauchzend
schnellt er über Wurzelknorren,
und die Luft saust in den Ohren,
Bernsteinlichter sind die Augen,
wie sie glühn vor Lust und Frevel.
Blut im Schweiß, die Sehnen spannen
sich zum letzten Sprunge kühner,
Hirschgeweih droht furchtbar:
  Los! –

Und der Mond zergeht im Blauen,
aus dem Ritz der Haustür duftet
heiße Milch. Der Trug verbittert.
Schwarzer Narr, zum Zaune trottend,
schüttelt seinen Hundeschädel,
möcht den Morgenstern verschlingen,
zu gering doch scheint die Beute,
und er läßt den Stern bestehn.

Paul Boldt

Junge Pferde

Wer die blühenden Wiesen kennt
Und die hingetragene Herde,
Die, das Maul am Winde, rennt:
Junge Pferde! Junge Pferde!

Über Gräben, Gräserstoppel
Und entlang den Rotdornhecken
Weht der Trab der scheuen Koppel,
Füchse, Braune, Schimmel, Schecken!

Junge Sommermorgen zogen
Weiß davon, sie wieherten.
Wolke warf den Blitz, sie flogen
Voll von Angst hin, galoppierten.

Selten graue Nüstern wittern,
Und dann nähern sie und nicken,
Ihre Augensterne zittern
In den engen Menschenblicken.

Rainer Maria Rilke

Der Panther

Im Jardin des Plantes, Paris

Sein Blick ist vom Vorübergehn der Stäbe
So müd geworden, daß er nichts mehr hält.
Ihm ist, als ob es tausend Stäbe gäbe
Und hinter tausend Stäben keine Welt.

Der weiche Gang geschmeidig starker Schritte,
Der sich im allerkleinsten Kreise dreht,
Ist wie ein Tanz von Kraft um eine Mitte,
In der betäubt ein großer Wille steht.

Nur manchmal schiebt der Vorhang der Pupille
Sich lautlos auf –. Dann geht ein Bild hinein,
Geht durch der Glieder angespannte Stille –
Und hört im Herzen auf zu sein.

Peter Huchel

Auffliegende Schwäne

Noch ist es dunkel, im Erlenkreis,
Die Flughaut nasser Nebel
Streift dein Kinn. Und in den See hinab,
Klaftertief,
Hängt schwer der Schatten.

Ein jähes Weiß,
Mit Füßen und Flügeln das Wasser peitschend,
Facht an den Wind. Sie fliegen auf,
Die winterbösen Majestäten.
Es pfeift metallen.
Duck dich ins Röhricht.
Schneidende Degen
Sind ihre Federn.

Ernst Jandl

auf dem land

rininininininininDER
brüllüllüllüllüllüllüllüllEN

schweineineineineineineineinE
grununununununununZEN

hununununununununDE
bellellellellellellellellEN

katatatatatatatatZEN
miauiauiauiauiauiauiauiauEN

katatatatatatatatER
schnurrurrurrurrurrurrurrurrEN

gänänänänänänänänSE
schnattattattattattattattattERN

ziegiegiegiegiegiegiegiegEN
meckeckeckeckeckeckeckeckERN

bienienienienienienienienEN
summummummummummummummummEN

grillillillillillillillillEN
ziriririririririrPEN

fröschöschöschöschöschöschöschöschE
quakakakakakakakakEN

hummummummummummummummummELN
brummummummummummummummummEN

vögögögögögögögögEL
zwitschitschitschitschitschitschitschitschERN

Heinz Piontek

Krähen

Sie streifen mit gierigen Flügeln
Schneezaun und Dämmernis.
In meinen Winterträumen
verschwebt ihr Schattenriß.

Ich denke durch ihre Schreie
den Gram der verödeten Welt,
wenn aus dem Frostgewölbe
mich ihre Not befällt.

Ach, die bestäubte Schwinge,
sie rührt an mein klirrendes Herz!
Atemlos und bekümmert
lausche ich himmelwärts.

Stürzt sich die Vogelwolke
auch in den Hügelspalt,
sucht mich ihr schwarzes Bedrängen
heim in andrer Gestalt.

Stephan Hermlin

Die Vögel und der Test

Zeitungen melden, daß unter dem Einfluß der Wasserstoffbombenversuche die Zugvögel über der Südsee ihre herkömmlichen Routen änderten.

Von den Savannen übers Tropenmeer
Trieb sie des Leibes Notdurft mit den Winden,
Wie taub und blind, von weit- und altersher,
Um Nahrung und um ein Geäst zu finden.

Nicht Donner hielt sie auf, Taifun nicht, auch
Kein Netz, wenn sie was rief zu großen Flügen,
Strebend nach gleichem Ziel, ein schreiender Rauch,
Auf gleicher Bahn und stets in gleichen Zügen.

Die nicht vor Wassern zagten noch Gewittern
Sahn eines Tags im hohen Mittagslicht
Ein höhres Licht. Das schreckliche Gesicht

Zwang sie von nun an ihren Flug zu ändern.
Da suchten sie nach neuen sanfteren Ländern.
Laßt diese Änderung euer Herz erschüttern ...

Conrad Ferdinand Meyer

Möwenflug

Möwen sah um einen Felsen kreisen
ich in unermüdlich gleichen Gleisen,
auf gespannter Schwinge schweben bleibend,
eine schimmernd weiße Bahn beschreibend,
und zugleich in stillem Meeresspiegel
sah ich um dieselben Felsenspitzen
eine helle Jagd gestreckter Flügel
unermüdlich durch die Tiefe blitzen.
Und der Spiegel hatte solche Klarheit,
saß sich anders nicht die Flügel hoben
tief im Meer, als hoch in Lüften oben,
daß sich völlig glichen Trug und Wahrheit.

Allgemach beschlich es mich wie Grauen,
Schein und Wesen so verwandt zu schauen,
und ich fragte mich, am Strand verharrend,
ins gespenstische Geflatter starrend:
Und du selber? Bist du echt beflügelt?
Oder nur gemalt und abgespiegelt?
Gaukelst du im Kreis mit Fabeldingen?
Oder hast Blut in deinen Schwingen?

Carl Zuckmayer

Lob der Spatzen

Grau mit viel Braun und wenig weißen Federn,
Das Männchen auf der Brust mit schwarzem Fleck,
Sie leben unter Palmen, Fichten, Zedern,
Und auch in jedem Straßendreck.

In Ingolstadt und in der City Boston,
Am Hoek van Holland und am Goldnen Horn
Ist überall der Spatz auf seinem Posten
Und fürchtet nicht des Schöpfers Zorn.

Inmitten schwarzer Dschungeln von Fabriken
Und todgeladner Drähte Kreuz und Quer
Sieht man die Spatzen flattern, nisten, brüten, mausern, picken,
Als ob die Welt ein Schutzpark wär!

Es stört sie nicht der Lärm der Transmissionen
Und keineswegs das Tempo unsrer Zeit –
Sie leben (schnell und langsam) seit Äonen
Wo sie der Himmel hingeschneit.

Als Jesus über Gräser, Zweige, Blumen
Einritt, und alle Hosianna schrien,
Da pickt' ein Spatz gemächlich gelbe Krumen
Aus dem noch warmen Mist der weißen Eselin.

Herr gib uns Kraft und Mut wie Deinen Spatzen,
Mach unser Leben ihrem Rinnstein gleich.
Dann mag wer will von edleren Tauben schwatzen,
Denn unser ist Dein gutes Erdenreich.

Christian Morgenstern

Möwenlied

Die Möwen sehen alle aus,
als ob sie Emma hießen.
Sie tragen einen weißen Flaus
und sind mit Schrot zu schießen.

Ich schieße keine Möwe tot,
ich laß sie lieber leben –
und füttre sie mit Roggenbrot
und rötlichen Zibeben.

O Mensch, du wirst nie nebenbei
der Möwe Flug erreichen.
Wofern du Emma heißest, sei
zufrieden, ihr zu gleichen.

Christian Morgenstern

Vice versa

Ein Hase sitzt auf einer Wiese,
des Glaubens, niemand sähe diese.

Doch, im Besitze eines Zeißes,
betrachtet voll gehaltnen Fleißes

vom vis-à-vis gelegnen Berg
ein Mensch den kleinen Löffelzwerg.

Ihn aber blickt hinwiederum
ein Gott von fern an, mild und stumm.

Fritz Deppert

Reichweite

Trockenbrot
linke Tasche
Trockenbrot
rechte Tasche,
Tauben auf Sockelsteinen.
Es liegt in meiner Reichweite:
freundlich sein,
überleben helfen.
Trockenbrot
linke Tasche rechte Tasche,
ich füttere täglich
die Taschen leer.

Friedrich Hebbel

Aus der Kindheit

„Ja, das Kätzchen hat gestohlen,
Und das Kätzchen wird ertränkt.
Nachbars Peter sollst du holen,
Daß er es im Teich versenkt!"

Nachbars Peter hat's vernommen,
Ungerufen kommt er schon;
„Ist die Diebin zu bekommen,
Gebe ich ihr gern den Lohn!"

„Mutter, nein, er will sie quälen,
Gestern warf er schon nach ihr,
Bleibt nichts andres mehr zu wählen,
So ertränk ich selbst das Tier.

Sieh, das Kätzchen kommt gesprungen,
Wie es glänzt im Morgenstrahl!"
Lustig hüpft's dem kleinen Jungen
Auf den Arm zu seiner Qual.

„Mutter, laß das Kätzchen leben;
Jedesmal, wenn's dich bestiehlt,
Sollst du mir kein Frühstück geben;
Sieh nur, wie es artig spielt!"

„Nein, der Vater hat's geboten,
Hundertmal ist ihr verziehn!" –
„Hat sie doch vier weiße Pfoten" –
„Einerlei! Ihr Tag erschien!" –.

„Nachbarin, ich folg ihm leise,
Ob er es auch wirklich tut!"
Peter spricht es häm'scher Weise,
Und der Knabe hört's mit Wut.

Unterwegs auf manchem Platze
Bietet er sein Liebchen aus,
Aber keiner will die Katze,
Jeder hat sie längst im Haus.

Ach, da ist er schon am Teiche,
Und sein Blick, sein scheuer, schweift,
Ob ihn Peter noch umschleiche –
Ja, er steht von fern und pfeift.

„Nun, wir alle müssen sterben,
Großmama ging dir vorauf,
Und du wirst den Himmel erben,
Kratze nur, sie macht dir auf!"

Jetzt, um sie recht tief zu betten,
Wirft er sie mit aller Macht,
Doch zugleich, um sie zu retten,
Springt er nach, als er's vollbracht.

Eilte Peter nicht, der lange,
Gleich im Augenblick herzu,
Fände er – es ist mir bange –
Hier im Teich die ewge Ruh'.

In das Haus zurückgetragen,
Hört er auf die Mutter nicht,
Schweigt auf alle ihre Fragen,
Schließt die Augen trotzig dicht.

Von dem Zucker, den sie brachte,
Nimmt er zwar zerstreut ein Stück,
Doch den Tee, den sie ihm machte,
Weist er ungestüm zurück.

Welch ein Ton! Er dreht sich stutzend,
Und auf einer Fensterbank,
Spinnend und sich emsig putzend,
Sitzt sein Kätzchen blink und blank.

„Lebt sie, Mutter?" – „Dem Verderben
Warst du näher, Kind, als sie!" –
„Und sie soll auch nicht mehr sterben?" –
„Trinke nur, so soll sie's nie!"

Marie Luise Kaschnitz

Die Katze

Die Katze, die einer fand, in der Baugrube saß sie und schrie.
Die erste Nacht, und die zweite, die dritte Nacht.
Das erste Mal ging er vorüber, dachte an nichts
Trug das Geschrei in den Ohren, fuhr auf aus dem Schlaf.
Das zweite Mal beugte er sich in die verschneite Grube
Lockte vergeblich den Schatten, der dort umherschlich.
Das dritte Mal sprang er hinunter, holte das Tier.
Nannte es Katze, weil ihm kein Name einfiel.
Und die Katze war bei ihm sieben Tage lang.
Ihr Pelz war gesträubt, ließ sich nicht glätten.
Wenn er heimkam, abends, sprang sie ihm auf die Brust, ohrfeigte ihn.
Der Nerv ihres linken Auges zuckte beständig.
Sie sprang auf den Vorhang im Korridor, krallte sich fest
Schwang hin und her, daß die eisernen Ringe klirrten.
Alle Blumen, die er heimbrachte, fraß sie auf.
Sie stürzte die Vasen vom Tisch, zerfetzte die Blütenblätter.
Sie schlief nicht des Nachts, saß am Fuß seines Bettes
Sah ihn mit glühenden Augen an.
Nach einer Woche waren seine Gardinen zerfetzt
Seine Küche lag voll von Abfall. Er tat nichts mehr
Las nicht mehr, spielte nicht mehr Klavier
Der Nerv seines linken Auges zuckte beständig.
Er hatte ihr eine Kugel aus Silberpapier gemacht
Die sie lange geringschätzte. Aber am siebenten Tag
Legte sie sich auf die Lauer, schoß hervor
Jagte die silberne Kugel. Am siebenten Tag
Sprang sie auf seinen Schoß, ließ sich streicheln und schnurrte.
Da kam er sich vor wie einer, der große Macht hat.
Er wiegte sie, bürstete sie, band ihr ein Band um den Hals.
Doch in der Nacht entsprang sie, drei Stockwerke tief
Und lief, nicht weit, nur dorthin, wo er sie
Gefunden hatte. Wo die Weidenschatten
Im Mondlicht wehten. An der alten Stelle
Flog sie von Stein zu Stein im rauhen Felle
Und schrie.

Kurt Schwitters

Stumm

Ein Wurm hängt am Angelhaken.
Ein Fisch beißt den Wurm.
Der Fisch beißt auch den Angelhaken.
Die Angel zieht den Fisch.
Nun hängt der Fisch an der Angel.
Die Angel zieht ihn in die Luft.
Der Fisch stirbt in der Luft.
Die Angel stirbt den Fisch:
Ein neuer Wurm hängt am Angelhaken.
Ein neuer Fisch beißt den neuen Wurm.
Und neues Leben blüht aus den Ruinen.

Karl Krolow

Fische

Die bei Molch und Alge schliefen,
Sanft vom grünen Stein beschattet,
Traumerstarrt in blinden Tiefen,
Zeigen sich und drehn im schiefen
Licht die Schwänze, früh ermattet.

Ruhig leuchten ihre Flossen.
Wind kämmt die gelöste Welle.
Vogel kommt vorbeigeschossen.
Und sie stehen, zart gegossen,
In der jäh geweckten Helle.

Unkenruf aus Hollergräben
Tönt im Ohr wie ferne Trommel.
Weißling und Forelle schweben.
Und die glatten Kiemen beben.
Antwort gibt die dunkle Dommel.

Glänzt der gelbe Mond gebogen,
Regen sich geflammte Lurche,
Kommen Hecht und Barsch gezogen.
Vom Gestirne angesogen,
Wandern Aale durch die Furche.

Rundes Maul fährt aus den Fluten.
Blankes Wasser muß sich teilen.
Fischhaupt steigt in gold'nem Gluten,
Wird am Angeldorne bluten,
Reusenmasche wird's ereilen.

Räuber, der im Boote lauert:
Messer zuckt schon in den Händen!
Kühler Gott im Schlamme kauert,
Hilflos sieht er's an und trauert,
Wie die Graugeschuppten enden.

Wolfgang Bächler

Fischmarkt

Die toten Fische
sperren die Mäuler auf,
starren dich an
von den Holzstellagen
mit dunklen Pupillen.
Ihr eingetrocknetes Blut
ist schwarz geworden
auf der Perlmutthaut.

Wer vernimmt ihre Schreie,
fängt den erloschenen Blick?
Die offenen Mäuler teilen
lautlos Geheimnisse mit,
die du vergebens
zu deuten versuchst.

Doch glaube nicht,
daß sie ohne Wirkungen sind.
Sie kreisen deine Gedanken ein.
Sie färben den Bau deiner Träume
mit schwarzem Blut,
mit schillerndem Weiß,
mit dem Grün und dem Blau
und dem Grau
der zu Markte getragenen Häute.

Walter Gross

Dezembermorgen

Lange war kein solcher Morgen.
Kalt, klar. Baum, Dach und Zaun
erhielten ihren Teil an Schnee.
So still und sauber wars
seit ich mich erinnere
nicht mehr.

Später allerdings schrie
der Morgen, er wird seine
blutigen Flecken bekommen.
Die blasse Scheibe der Sonne
hielt sich noch hinter dem Wald,
da hoben, halb zerrten sie das Schwein
an Beinen und Ohren auf den hergerichteten
Vorplatz zu Hacken und Bottich.

Um neun Uhr sah ich die Schlächter
beim Mahl. Wie sie zugriffen!
Ihre Lust an Speise und Trank,
ihre Fröhlichkeit,
hat mich verstimmt.

Erich Fried

Humorlos

Die Jungen
werfen
zum Spaß
mit Steinen
nach Fröschen

Die Frösche
sterben
im Ernst

Arnfrid Astel

Schützenhilfe

In der Zeitung lese ich
von der Taubenplage.
Das sind „Ratten der Luft".
Jetzt dürfen wir sie abknallen.

Bertolt Brecht

Lied der Starenschwärme

1
Wir sind aufgebrochen im Monat Oktober
In der Provinz Suiyuan
Wir sind rasch geflogen in südlicher Richtung, ohne abzuweichen
Durch vier Provinzen fünf Tage lang.
        Fliegt rascher, die Ebenen warten
        Die Kälte nimmt zu und
        Dort ist Wärme.

2
Wir sind aufgebrochen und waren achttausend
Aus der Provinz Suiyuan
Wir sind mehr geworden täglich um Tausende, je weiter wir kamen
Durch vier Provinzen fünf Tage lang.
        Fliegt rascher, die Ebenen warten
        Die Kälte nimmt zu und
        Dort ist Wärme.

3
Wir überfliegen jetzt die Ebene
In der Provinz Hunan
Wir sehen unter uns große Netze und wissen
Wohin wir geflogen sind fünf Tage lang:
        Die Ebenen haben gewartet
        Die Wärme nimmt zu und
        Der Tod ist uns sicher.

„Immer war der Fuchs beredsam“

(Friedrich Georg Jünger)

Johann Wolfgang Goethe

Ein großer Teich war zugefroren;
Die Fröschlein, in der Tiefe verloren,
Durften nicht ferner quaken noch springen,
Versprachen sich aber, im halben Traum:
Fänden sie nur da oben Raum,
Wie Nachtigallen wollten sie singen.
– Der Tauwind kam, das Eis zerschmolz,
Nun ruderten sie und landeten stolz
Und saßen am Ufer weit und breit
Und quakten wie vor alter Zeit.

Joachim Ringelnatz

Die Ameisen

In Hamburg lebten zwei Ameisen,
Die wollten nach Australien reisen.
Bei Altona auf der Chaussee
Da taten ihnen die Beine weh,
Und da verzichteten sie weise
Dann auf den letzten Teil der Reise.

Gottlieb Konrad Pfeffel

Der junge Hase

Mit ernstem Schritte, wie ein Held
Vom Kampfplatz, kam ein junger Hase
Nach Haus, und seine wunde Nase
Schien laut zu rufen: Staune, Welt!
Du blutest, Neffe? sprach ein Greis
Zu ihm, was hat sich zugetragen?
Je nun, ich habe mich geschlagen,
Versetzt er, und der Kampf war heiß.
Was, rief die ganze Sippschaft aus,
Geschlagen? Wie? Mit welchem Feinde?
Mit einem Hund? – Ach, lieben Freunde!
Mit einer ungeheuren Maus.

Christian Morgenstern

Der Sperling und das Känguruh

In seinem Zaun das Känguruh –
es hockt und guckt dem Sperling zu.

Der Sperling sitzt auf dem Gebäude –
doch ohne sonderliche Freude.

Vielmehr, er fühlt, den Kopf geduckt,
wie ihn das Känguruh beguckt.

Der Sperling sträubt den Federflaus –
die Sache ist auch gar zu kraus.

Ihm ist, als ob er kaum noch säße ...
Wenn nun das Känguruh ihn fräße?!

Doch dieses dreht nach einer Stunde
den Kopf aus irgend einem Grunde,

vielleicht auch ohne tiefern Sinn,
nach einer andern Richtung hin.

Christian Morgenstern

Mopsenleben

Es sitzen Möpse gern auf Mauerecken,
die sich ins Straßenbild hinaus erstrecken,

um von sotanen vorteilhaften Posten
die bunte Welt gemächlich auszukosten.

O Mensch, lieg vor dir selber auf der Lauer,
sonst bist du auch ein Mops nur auf der Mauer.

Wilhelm Busch

Fink und Frosch

Im Apfelbaume pfeift der Fink
Sein: pinkepink!
Ein Laubfrosch klettert mühsam nach
Bis auf des Baumes Blätterdach
Und bläht sich auf und quakt: „Ja, ja!
Herr Nachbar, ick bin och noch da!"

Und wie der Vogel frisch und süß
Sein Frühlinglied erklingen ließ,
Gleich muß der Frosch in rauhen Tönen
Den Schusterbaß dazwischen dröhnen.

„Juchheija heija!" spricht der Fink,
„Fort flieg ich flink!"
Und schwingt sich in die Lüfte hoch.

„Wat!" – ruft der Frosch, – „dat kann ick och!"
Macht einen ungeschickten Satz,
Fällt auf den harten Gartenplatz,
Ist platt, wie man die Kuchen backt,
Und hat für ewig ausgequakt.

Wenn einer, der mit Mühe kaum
Geklettert ist auf einen Baum,
Schon meint, daß er ein Vogel wär',
So irrt sich der.

Joachim Ringelnatz

Die Schnupftabaksdose

Es war eine Schnupftabaksdose,
Die hatte Friedrich der Große
Sich selbst geschnitzelt aus Nußbaumholz.
Und darauf war sie natürlich stolz.

Da kam ein Holzwurm gekrochen.
Der hatte Nußbaum gerochen.
Die Dose erzählte ihm lang und breit
Von Friedrich dem Großen und seiner Zeit.

Sie nannte den alten Fritz generös.
Da aber wurde der Holzwurm nervös
Und sagte, indem er zu bohren begann:
„Was geht mich Friedrich der Große an!"

Bertolt Brecht

Tierverse

Es war einmal ein Adler
Der hatte viele Tadler
Die machten ihn herunter
Und haben ihn verdächtigt
Er könne nicht schwimmen im Teich.
Da versuchte er es sogleich
Und ging natürlich unter.
(Der Tadel war also berechtigt.)

*

Es war einmal ein Rabe
Ein schlauer alter Knabe
Dem sagte ein Kanari, der
In seinem Käfig sang: Schau her
Von Kunst
Hast du keinen Dunst.
Der Rabe sagte ärgerlich:
Wenn du nicht singen könntest
Wärst du so frei wie ich.

*

Es war einmal ein Hund
Der hatte einen zu kleinen Mund
Da konnte er nicht viel fressen
Da freute sein Herr sich dessen
Er sagte: Dieser Hund
Ist ein guter Fund.

*

Es war einmal ein Kamel
Das sah in Posemuckel
Einen Mann mit einem Buckel
Es blickte auf ihn scheel
Und sagte: Nebenbei
Ich habe zwei.

*

Es war einmal ein Elefant
Der hatte keinen Verstand
Drum schleppte er einmal auf Befehl
Zwanzig Bäume statt zwei
Und brach ein Bein dabei.
Ein Dummkopf, meiner Seel!

*

Es war einmal ein Aal
Der meinte, er sei aus Stahl
Er ging in vollem Frieden
Stracks in ein Waffenarsenal
Und bat, man solle fürs Vaterland
Einen Ehrendolch aus ihm schmieden.
Es heißt, daß er's nicht überstand.

*

Es war einmal eine Ziege
Die sagte: An meiner Wiege
Sang man mir, ein starker Mann
Wird kommen und mich frein.
Der Ochse sah sie komisch an
Und sagte zu dem Schwein:
Das wird der Metzger sein.

Matthias Claudius

Fuchs und Bär

Kam einst ein Fuchs vom Dorfe her,
Früh in der Morgenstunde,
Und trug ein Huhn im Munde;
Und es begegnet' ihm ein Bär.
„Ah! guten Morgen, gnäd'ger Herr!
Ich bringe hier ein Huhn für Sie;
Ihr Gnaden promenieren ziemlich früh,
Wo geht die Reise hin?"
„Was heißest du mich gnädig, Vieh!
Wer sagt dir, daß ich's bin?"
„Sah Dero Zahn, wenn ich es sagen darf,
Und Dero Zahn ist lang und scharf."

Franz Grillparzer

Diplomatischer Rat

Ein Marder fraß die Hühner gern,
Doch wußt' er nicht, wie sie erhaschen;
Er fragt den Fuchs, 'nen alten Herrn,
Dem Steifheit schon verbot das Naschen.
Der sagt ihm: „Freund, der Rat ist alt,
Was hilft zu zögern, brauch Gewalt!"
Der Marder stürmt in vollem Lauf,
Die Hühner aber flattern auf,
Die eine gackernd, kreischend jene,
Gerade in des Fuchses Zähne
Der gegenüber lauernd lag
Und mühlos hielt den Erntetag.

Wenn du nach Hühnern lüstern bist,
Frag keinen, der sie selbst gern frißt.

Wilhelm Busch

Bewaffneter Friede

Ganz unverhofft an einem Hügel
Sind sich begegnet Fuchs und Igel.
Halt, rief der Fuchs, du Bösewicht!
Kennst du des Königs Order nicht?
Ist nicht der Friede längst verkündigt,
Und weißt du nicht, daß jeder sündigt,
Der immer noch gerüstet geht?
Im Namen seiner Majestät
Geh her und übergib dein Fell.
Der Igel sprach: Nur nicht so schnell.
Laß dir erst deine Zähne brechen,
Dann wollen wir uns weiter sprechen!
Und allsogleich macht er sich rund,
Schließt seinen dichten Stachelbund
Und trotzt getrost der ganzen Welt
Bewaffnet, doch als Friedensheld.

Matthias Claudius

Der große und der kleine Hund oder Packan und Alard

Ein kleiner Hund, der lange nichts gerochen
Und Hunger hatte, traf es nun
Und fand sich einen schönen Knochen
Und nagte herzlich dran, wie Hunde denn wohl tun.

Ein großer nahm sein wahr von fern:
„Der muß da was zum Besten haben,
Ich fresse auch dergleichen gern,
Will doch des Wegs einmal hintraben."

Alard, der ihn des Weges kommen sah,
Fand es nicht ratsam, daß er weilte
Und lief betrübt davon und heulte
Und seinen Knochen ließ er da.

Und Packan kam in vollem Lauf
Und fraß den ganzen Knochen auf.

Ende der Fabel.

„Und die Moral?“ Wer hat davon gesprochen? –
Gar keine! Leser, bist du toll?
Denn welcher arme Mann nagt wohl an einem Knochen,
Und welcher reiche nähm ihn wohl?

Klaus Groth

Matten de Has’

Lütt Matten de Has’,
De mak sik en Spaß,
He weer bi’t Studeern,
Dat Danzen to lehrn,
Und danz ganz alleen
Op de achtersten Been.

Keem Reinke de Voss
Un dach: da’s en Kost!
Un seggt: Lüttje Matten,
So flink op’e Padden?
Un danzst hier alleen
Op’e achtersten Been?

Kumm, lat uns tosam!
Ik kann as de Dam!
De Krei, de spelt Fitel,
Denn geit dat canditel,
Denn geit dat mal schön,
Op de achtersten Been!

Lütt Matten gev Pot.
De Voss beet em dot
Un sett sik in Schatten,
Verspis’ de lütt Matten:
De Krei, de kreeg een
Vun de achtersten Been.

Friedrich Georg Jünger

Der Fuchs

Immer war der Fuchs beredsam,
wenn er sprach von Pflicht und Rechten,
und mit goldnen Worten wußte
er die Lehre durchzufechten.

Manchen seiner Hörer rührte
er zu bitterlichen Tränen,
wenn die Rede ihm wie Honig
floß aus scharf gespitzten Zähnen.

Schloß er später mit den Gänsen
Freundschaft auf dem grünen Rasen,
sah den Wind man über alle
Wiesen weiße Federn blasen.

Reiner Kunze

Das Ende der Fabeln

Es war einmal ein fuchs ...
beginnt der hahn
eine fabel zu dichten

Da merkt er
so geht's nicht
denn hört der fuchs die fabel
wird er ihn holen

Es war einmal ein bauer ...
beginnt der hahn
eine fabel zu dichten

Da merkt er
so geht's nicht
denn hört der bauer die fabel
wird er ihn schlachten

Es war einmal ...

Schau hin schau her
Nun gibt's keine fabeln mehr

Reiner Kunze

Das Ende der Kunst

Du darfst nicht, sagte die eule zum auerhahn,
du darfst nicht die sonne besingen
Die sonne ist nicht wichtig

Der auerhahn nahm
die sonne aus seinem gedicht

Du bist ein künstler,
sagte die eule zum auerhahn

Und es war schön finster

Wilhelm Busch

Es sitzt ein Vogel auf dem Leim,
Er flattert sehr und kann nicht heim.
Ein schwarzer Kater schleicht herzu,
Die Krallen scharf, die Augen gluh.
Am Baum hinauf und immer höher
Kommt er dem armen Vogel näher.

Der Vogel denkt: Weil das so ist
Und weil mich doch der Kater frißt,
So will ich keine Zeit verlieren,
Will noch ein wenig quinquilieren
Und lustig pfeifen wie zuvor.
Der Vogel, scheint mir, hat Humor.

Guntram Vesper

Mäusealltag

Eine Maus, eine Maus
geht heraus aus dem Haus,
macht sogleich einen Fund,
aber da kommt ein Hund.
Der entreißt ihr den Speck
und läuft schnell mit ihm weg.
Huch! Was macht unsre Maus?
Sie geht wieder ins Haus,
holt ihr Spielzeug hervor,
legt sich später aufs Ohr.
Da beginnt sie zu träumen,
erst von Sonne, von Bäumen,
dann von Freunden, ganz großen,
die beschützen und kosen.
Ja, das wär doch zu machen!
Unsre Maus hört sich lachen.
Davon wird sie gleich wach.
Aber ach, aber ach!
Sie hat einfach kein Glück,
denn der Hund kam zurück,
vor dem Loch steht er da
wie der Knurrbeißhurra.
Kleine Maus! Sei mal stark!
Geh hinaus ohne Arg,
lad den Hund einfach ein,
lieber lieb mal zu sein,
und dann geht ihr spazieren
und seid Mensch unter Tieren,
denn womöglich, vielleicht
ist das Ganze ganz leicht.

„Von dir und mir“

(Jürgen Theobaldy)

Bertolt Brecht

Die Liebenden

Sieh jene Kraniche in großem Bogen!
Die Wolken, welche ihnen beigegeben
Zogen mit ihnen schon, als sie entflogen
Aus einem Leben in ein andres Leben.
In gleicher Höhe und mit gleicher Eile
Scheinen sie alle beide nur daneben.
Daß so der Kranich mit der Wolke teile
Den schönen Himmel, den sie kurz befliegen
Daß also keines länger hier verweile
Und keines andres sehe als das Wiegen
Des andern in dem Wind, den beide spüren
Die jetzt im Fluge beieinander liegen:
So mag der Wind sie in das Nichts entführen.
Wenn sie nur nicht vergehen und sich bleiben
So lange kann sie beide nichts berühren
So lange kann man sie von jedem Ort vertreiben
Wo Regen drohen oder Schüsse schallen.
So unter Sonn und Monds verschiedenen Scheiben
Fliegen sie hin, einander ganz verfallen.
Wohin, ihr?
Nirgend hin.
Von wem davon?
Von allen.
Ihr fragt, wie lange sind sie schon beisammen?
Seit kurzem.
Und wann werden sie sich trennen?
Bald.
So scheint die Liebe Liebenden ein Halt.

Johann Wolfgang Goethe

Willkommen und Abschied

Fassung 1771

Es schlug mein Herz. Geschwind, zu Pferde!
Und fort, wild wie ein Held zur Schlacht.
Der Abend wiegte schon die Erde,
und an den Bergen hing die Nacht.
Schon stund im Nebelkleid die Eiche
wie ein getürmter Riese da,
wo Finsternis aus dem Gesträuche
mit hundert schwarzen Augen sah.

Der Mond von einem Wolkenhügel
sah schläfrig aus dem Duft hervor,
die Winde schwangen leise Flügel,
umsausten schauerlich mein Ohr.
Die Nacht schuf tausend Ungeheuer,
doch tausendfacher war mein Mut,
mein Geist war ein verzehrend Feuer,
mein ganzes Herz zerfloß in Glut.

Ich sah dich, und die milde Freude
floß aus dem süßen Blick auf mich.
Ganz war mein Herz an deiner Seite,
und jeder Atemzug für dich.
Ein rosenfarbnes Frühlingswetter
lag auf dem lieblichen Gesicht
und Zärtlichkeit für mich, ihr Götter,
ich hofft' es, ich verdient' es nicht.

Der Abschied, wie bedrängt, wie trübe!
Aus deinen Blicken sprach dein Herz.
In deinen Küssen welche Liebe,
o welche Wonne, welcher Schmerz!
Du gingst, ich stund und sah zur Erden
und sah dir nach mit nassem Blick.
Und doch, welch Glück, geliebt zu werden,
und lieben, Götter, welch ein Glück!

Fassung 1789

Es schlug mein Herz, geschwind zu Pferde!
Es war getan fast eh gedacht.
Der Abend wiegte schon die Erde,
und an den Bergen hing die Nacht;
schon stand im Nebelkleid die Eiche,
ein aufgetürmter Riese, da,
wo Finsternis aus dem Gesträuche
mit hundert schwarzen Augen sah.

Der Mond von einem Wolkenhügel
sah kläglich aus dem Duft hervor,
die Winde schwangen leise Flügel,
umsausten schauerlich mein Ohr;
die Nacht schuf tausend Ungeheuer,
doch frisch und fröhlich war mein Mut:
In meinen Adern welches Feuer!
In meinem Herzen welche Glut!

Dich sah ich, und die milde Freude
floß von dem süßen Blick auf mich;
ganz war mein Herz an deiner Seite
und jeder Atemzug für dich.
Ein rosenfarbnes Frühlingswetter
umgab das liebliche Gesicht,
und Zärtlichkeit für mich – ihr Götter!
Ich hofft' es, ich verdient' es nicht!

Doch ach, schon mit der Morgensonne
verengt der Abschied mir das Herz:
In deinen Küssen welche Wonne!
In deinem Auge welcher Schmerz!
Ich ging, du standst und sahst zur Erden
und sahst mir nach mit nassem Blick:
Und doch, welch Glück, geliebt zu werden!
Und lieben, Götter, welch ein Glück!

Conrad Ferdinand Meyer

Zwei Segel

Zwei Segel erhellend
Die tiefblaue Bucht!
Zwei Segel sich schwellend
Zu ruhiger Flucht!

Wie eins in den Winden
Sich wölbt und bewegt,
Wird auch das Empfinden
Des andern erregt.

Begehrt eins zu hasten,
Das andre geht schnell,
Verlangt eins zu rasten,
Ruht auch sein Gesell.

Johann Wolfgang Goethe

Mailied

Wie herrlich leuchtet
Mir die Natur!
Wie glänzt die Sonne!
Wie lacht die Flur!

Es dringen Blüten
Aus jedem Zweig
Und tausend Stimmen
Aus dem Gesträuch

Und Freud und Wonne
Aus jeder Brust.
O Erd, o Sonne!
O Glück, o Lust!

O Lieb, o Liebe!
So golden schön,
Wie Morgenwolken
Auf jenen Höhn!

Du segnest herrlich
Das frische Feld,
Im Blütendampfe
Die volle Welt.

O Mädchen, Mädchen,
Wie lieb ich dich!
Wie blickt dein Auge!
Wie liebst du mich!

So liebt die Lerche
Gesang und Luft,
Und Morgenblumen
Den Himmelsduft,

Wie ich dich liebe
Mit warmem Blut,
Die du mir Jugend
Und Freud und Mut

Zu neuen Liedern
Und Tänzen gibst.
Sei ewig glücklich,
Wie du mich liebst!

Paul Fleming

Elsgens treues Herz

Ein getreues Herze wissen,
Hat des höchsten Schatzes Preis.
Der ist selig zu begrüßen,
Der ein treues Herze weiß.
  Mir ist wohl bei höchstem Schmerze,
  Denn ich weiß ein treues Herze.

Läuft das Glücke gleich zuzeiten
Anders als man will und meint,
Ein getreues Herz hilft streiten
Wider alles, was ist feind.
  Mir ist wohl bei höchstem Schmerze,
  Denn ich weiß ein treues Herze.

Sein Vergnügen steht alleine
In des andern Redlichkeit,
Hält des andern Not für seine,
Weicht nicht auch bei böser Zeit.
  Mir ist wohl bei höchstem Schmerze,
  Denn ich weiß ein treues Herze.

Gunst, die kehrt sich nach dem Glücke,
Geld und Reichtum, das zerstäubt,
Schönheit läßt uns bald zurücke,
Eine getreues Herze bleibt.
  Mir ist wohl bei höchstem Schmerze,
  Denn ich weiß ein treues Herze.

Eins ist da sein und geschieden.
Ein getreues Herze hält,
Gibt sich allezeit zufrieden,
Steht auf, wenn es niederfällt.
  Ich bin froh bei höchstem Schmerze,
  Denn ich weiß ein treues Herze.

Nichts ist Süßers als zwei Treue,
Wenn sie eines worden sein.
Dies ist's, des ich mich erfreue,
Und sie gibt ihr Ja auch drein.
  Mir ist wohl bei höchstem Schmerze,
  Denn ich weiß ein treues Herze.

Wolfgang Weyrauch

Gleichung

Ich bin die Hälfte von Dir,
Du bist die Hälfte von mir,
ich habe kein Auge
ohne Dein Auge,
Du hast kein Ohr
ohne mein Ohr.

Ich habe keinen Mund
ohne Deinen Mund,
Dein Fuß kann
ohne meinen Fuß nicht gehn,
meine Hand kann
ohne Deine Hand nicht fassen.

Nicolas Born

Ein Lied das jeder kennt

Diese Nacht
die ist so zauberhaft
wirklich
(wir haben Glück mit dem Wetter)
ein bißchen kühl
für die Jahreszeit
  (man zieht besser
noch was drüber)
aber schön
sie hat sich
untergehakt
hüpft ziemlich lustig
  (schon wieder Vollmond
was hab ich gesagt)
wir haben Schatten
sie summt
ein Lied
  (das jeder kennt)
dazu die Schritte
auf Kies
wie Obsttorte
mit Sahne

Jürgen Theobaldy

Gedicht

Ich möchte gern ein kurzes Gedicht schreiben
eins mit vier fünf Zeilen
nicht länger
ein ganz einfaches
eins das alles sagt über uns beide
und doch nichts verrät
von dir und mir

Joachim Ringelnatz

Ich habe dich so lieb

Ich habe dir nichts getan.
Nun ist mir traurig zu Mut.
An den Hängen der Eisenbahn
Leuchtet der Ginster so gut.

Ich habe dich so lieb!
Ich würde dir ohne Bedenken
Eine Kachel aus meinem Ofen
Schenken.

Vorbei – verjährt –
Doch nimmer vergessen.
Ich reise.
Alles, was lange währt,
Ist leise.

Die Zeit entstellt
Alle Lebewesen.
Ein Hund bellt.
Er kann nicht lesen.
Er kann nicht schreiben.
Wir können nicht bleiben.

Ich lache.
Die Löcher sind die Hauptsache
An einem Sieb.

Ich habe dich so lieb.

Kurt Schwitters

An Anna Blume

O du, Geliebte meiner siebenundzwanzig Sinne, ich
liebe dir! – Du deiner dich dir, ich dir, du mir.
– Wir?
Das gehört (beiläufig) nicht hierher.
Wer bist du, ungezähltes Frauenzimmer? Du bist
– bist du? – Die Leute sagen, du wärest, – laß
sie sagen, sie wissen nicht, wie der Kirchturm steht.
Du trägst den Hut auf deinen Füßen und wanderst
auf die Hände, auf den Händen wanderst du.
Hallo, deine roten Kleider, in weiße Falten zersägt.
Rot liebe ich Anna Blume, rot liebe ich dir! – Du
deiner dich dir, ich dir, du mir. – Wir?
Das gehört (beiläufig) in die kalte Glut.
Rote Blume, rote Anna Blume, wie sagen die Leute?
Preisfrage: 1. Anna Blume hat ein Vogel.
2. Anna Blume ist rot.
3. Welche Farbe hat der Vogel?
Blau ist die Farbe deines gelben Haares.
Rot ist das Girren deines grünen Vogels.
Du schlichtes Mädchen im Alltagskleid, du liebes
grünes Tier, ich liebe dir! – Du deiner dich dir, ich
dir, du mir. – Wir?
Das gehört (beiläufig) in die Glutenkiste.
Anna Blume! Anna, a-n-n-a, ich träufle deinen
Namen. Dein Name tropft wie weiches Rindertalg.
Weißt du es, Anna, weißt du es schon?
Man kann dich auch von hinten lesen, und du, du
Herrlichste von allen, du bist von hinten wie von
vorne: „a-n-n-a."
Rindertalg träufelt streicheln über meinen Rücken.
Anna Blume, du tropfes Tier, ich liebe dir!

Ivan Goll

Dein Zauber

Wenn ich mit dir vorübergeh
Erlebt die ärmste nordgewandte Straße
Auch einmal eine Morgenröte!
Die Fenster sind aus Gold gegossen,
Die Pflanzen auf den Bildern blühn,
Die Heringe der Spezerein erglänzen wie Juwelen.

Doch komme ich allein,
Da blättert aller Glanz wie Tünche von der Erde,
Die Straßen werden alt und kalt,
Die Heringe sind nur geräuchert,
Ich bin ein Fremder der verschloßnen Türen,
Ein Schatten unter Schatten
Regengrau.

Claire Goll

Daß Vögel sind

Daß Vögel sind:
Füßchen im Schnee
Federn um Gesang
Kleiner Ballon mit Angst
Und Sehnsucht gefüllt
Von Kontinent zu Kontinent
Vom Gesetz getrieben

Daß Vögel sind:
So klein vor dem Raum
Gottes Initialen
An die Wolkentafel schreibend –
Wie möchte man knien
Weil Vögel sind
Und weinen wenn sie singen
Am Abend um fünf
Und der Geliebte ist fern

Johann Wolfgang Goethe

Nähe des Geliebten

Ich denke dein, wenn mir der Sonne Schimmer
Vom Meere strahlt;
Ich denke dein, wenn sich des Mondes Flimmer
In Quellen malt.

Ich sehe dich, wenn auf dem fernen Wege
Der Staub sich hebt;
In tiefer Nacht, wenn auf dem schmalen Stege
Der Wandrer bebt.

Ich höre dich, wenn dort mit dumpfem Rauschen
Die Welle steigt;
Im stillen Haine geh ich oft zu lauschen,
Wenn alles schweigt.

Ich bin bei dir, du seist auch noch so ferne,
Du bist mir nah!
Die Sonne sinkt, bald leuchten mir die Sterne.
O wärst du da!

Marie Luise Kaschnitz

Am Strande

Heute sah ich wieder dich am Strand
Schaum der Wellen dir zu Füßen trieb
Mit dem Finger grubst du in den Sand
Zeichen ein, von denen keines blieb.

Ganz versunken warst du in dein Spiel
Mit der ewigen Vergänglichkeit
Welle kam und Stern und Kreis zerfiel
Welle ging und du warst neu bereit.

Lachend hast du dich zu mir gewandt
Ahntest nicht den Schmerz, den ich erfuhr:
Denn die schönste Welle zog zum Strand
Und sie löschte deiner Füße Spur.

Else Lasker-Schüler

Ein Lied

Hinter meinen Augen stehen Wasser,
die muß ich alleine weinen.

Immer möcht ich auffliegen,
mit den Zugvögeln fort;

buntatmen mit den Winden
in der großen Luft.

O ich bin so traurig ----
Das Gesicht im Mond weiß es.

Drum ist viel samtne Andacht
und nahender Frühmorgen um mich.

Als an deinem steinernen Herzen
meine Flügel brachen,

fielen die Amseln wie Trauerrosen
hoch vom blauen Gebüsch.

Alles verhaltene Gezwitscher
will wieder jubeln

und ich möchte auffliegen
mit den Zugvögeln fort.

Clemens Brentano

Der Spinnerin Nachtlied

Es sang vor langen Jahren
Wohl auch die Nachtigall;
Das war wohl süßer Schall,
Da wir zusammen waren.

Ich sing und kann nicht weinen
Und spinne so allein
Den Faden klar und rein,
Solang der Mond wird scheinen.

Als wir zusammen waren,
Da sang die Nachtigall;
Nun mahnet mich ihr Schall,
Daß du von mir gefahren.

So oft der Mond mag scheinen,
Gedenk ich dein allein;
Mein Herz ist klar und rein,
Gott wolle uns vereinen.

Seit du von mir gefahren,
Singt stets die Nachtigall;
Ich denk bei ihrem Schall,
Wie wir zusammen waren.

Gott wolle uns vereinen,
Hier spinn ich so allein,
Der Mond scheint klar und rein,
Ich sing und möchte weinen.

Eduard Mörike

Das verlassene Mägdlein

Früh, wann die Hähne krähn,
Eh die Sternlein verschwinden,
Muß ich am Herde stehn,
Muß Feuer zünden.

Schön ist der Flammen Schein,
Es springen die Funken;
Ich schaue so drein,
In Leid versunken.

Plötzlich, da kommt es mir,
Treuloser Knabe,
Daß ich die Nacht von dir
Geträumet habe.

Träne auf Träne dann
Stürzet hernieder;
So kommt der Tag heran –
O ging er wieder!

Joseph von Eichendorff

Das zerbrochene Ringlein

In einem kühlen Grunde
Da geht ein Mühlenrad,
Mein Liebste ist verschwunden,
Die dort gewohnet hat.

Sie hat mir Treu versprochen,
Gab mir ein'n Ring dabei,
Sie hat die Treu gebrochen,
Mein Ringlein sprang entzwei.

Ich möcht als Spielmann reisen
Weit in die Welt hinaus,
Und singen meine Weisen,
Und gehn von Haus zu Haus.

Ich möcht als Reiter fliegen
Wohl in die blutge Schlacht,
Um stille Feuer liegen
Im Feld bei dunkler Nacht.

Hör ich das Mühlrad gehen:
Ich weiß nicht, was ich will –
Ich möcht am liebsten sterben,
Da wärs auf einmal still!

Heinrich Heine

Mein Herz, mein Herz ist traurig,
Doch lustig leuchtet der Mai;
Ich stehe, gelehnt an der Linde,
Hoch auf der alten Bastei.

Da drunten fließt der blaue
Stadtgraben in stiller Ruh;
Ein Knabe fährt im Kahne
Und angelt und pfeift dazu.

Jenseits erheben sich freundlich
In winziger, bunter Gestalt
Lusthäuser und Gärten und Menschen
Und Ochsen und Wiesen und Wald.

Die Mägde bleichen Wäsche
Und springen im Gras herum;
Das Mühlrad stäubt Diamanten,
Ich höre sein fernes Gesumm.

Am alten grauen Turme
Ein Schilderhäuschen steht;
Ein rotgeröckter Bursche
Dort auf und nieder geht.

Er spielt mit seiner Flinte,
Die funkelt im Sonnenrot,
Er präsentiert und schultert –
Ich wollt, er schösse mich tot.

Erich Kästner

Sachliche Romanze

Als sie einander acht Jahre kannten
(und man darf sagen: sie kannten sich gut),
kam ihre Liebe plötzlich abhanden.
Wie andern Leuten ein Stock oder Hut.

Sie waren traurig, betrugen sich heiter,
versuchten Küsse, als ob nichts sei,
und sahen sich an und wußten nicht weiter.
Da weinte sie schließlich. Und er stand dabei.

Vom Fenster aus konnte man Schiffen winken,
Er sagte, es wäre schon Viertel nach vier
und Zeit, irgendwo Kaffee zu trinken.
Nebenan übte ein Mensch Klavier.

Sie gingen ins kleinste Café am Ort
und rührten in ihren Tassen.
Am Abend saßen sie immer noch dort.
Sie saßen allein, und sie sprachen kein Wort
und konnten es einfach nicht fassen.

„Ich habe Menschen getroffen"

(Gottfried Benn)

Annette von Droste-Hülshoff

An meine Mutter

So gern hätt ich ein schönes Lied gemacht
Von deiner Liebe, deiner treuen Weise,
Die Gabe, die für andre immer wacht,
Hätt ich so gern geweckt zu deinem Preise.

Doch wie ich auch gesonnen mehr und mehr,
Und wie ich auch die Reime mochte stellen,
Des Herzens Fluten wallten drüber her,
Zerstörten mir des Liedes zarte Wellen.

So nimm die einfach schlichte Gabe hin,
Von einfach ungeschmücktem Wort getragen,
Und meine ganze Seele nimm darin;
Wo man am meisten fühlt, weiß man nicht viel zu sagen.

Else Lasker-Schüler

Meine Mutter

War sie der große Engel,
Der neben mir ging?

Oder liegt meine Mutter begraben
Unter dem Himmel von Rauch –
Nie blüht es blau über ihrem Tode.

Wenn meine Augen doch hell schienen
Und ihr Licht brächten.

Wäre mein Lächeln nicht versunken im Antlitz,
Ich würde es über ihr Grab hängen.

Aber ich weiß einen Stern,
Auf dem immer Tag ist;
Den will ich über ihre Erde tragen.

Ich werde jetzt immer ganz allein sein
Wie der große Engel,
Der neben mir ging.

Günter Bruno Fuchs

Ansprache des autowaschenden Vaters an sein Kind das Drachensteigen möchte

Ja, ich
sehe: Das Wetter ist windig. Die Bäume zeigen es ja,
sie machen hin und her

mit dem Kopf. Also, du willst Drachensteigen,
vergiß nicht, heute ist Sonntag, das

heißt: Dein Vater
macht selbstverständlich dir eine Freude. Halt
mal
den Mund. Halt
ihn mal bitte. Das Auto

geht vor, nein, das Auto geht vor, das meine
ich nicht. Halt den Öllappen

nicht an dein Kleid. Und neues Wasser, der
Eimer
ist leer!

Günter Bruno Fuchs

Für ein Kind

Ich habe gebetet. So nimm von der Sonne und geh.
Die Bäume werden belaubt sein.
Ich habe den Blüten gesagt, sie mögen dich schmücken.

Kommst du zum Strom, da wartet ein Fährmann.
Zur Nacht läutet sein Herz übers Wasser.
Sein Boot hat goldene Planken, das trägt dich.

Die Ufer werden bewohnt sein.
Ich habe den Menschen gesagt, sie mögen dich lieben.
Es wird dir einer begegnen, der hat mich gehört.

Gottfried Benn

Menschen getroffen

Ich habe Menschen getroffen, die,
wenn man sie nach ihrem Namen fragte,
schüchtern – als ob sie gar nicht beanspruchen könnten,
auch noch eine Benennung zu haben –
„Fräulein Christian" antworteten und dann:
„wie der Vorname", sie wollten einem die Erfassung erleichtern,
kein schwieriger Name wie „Popiol" oder „Babendererde" –
„wie der Vorname" – bitte, belasten Sie Ihr Erinnerungsvermögen nicht!
Ich habe Menschen getroffen, die
mit Eltern und vier Geschwistern in einer Stube
aufwuchsen, nachts, die Finger in den Ohren,
am Küchenherde lernten,
hochkamen, äußerlich schön und ladylike wie Gräfinnen –
und innerlich sanft und fleißig wie Nausikaa,
die reine Stirn der Engel trugen.

Ich habe mich oft gefragt und keine Antwort gefunden,
woher das Sanfte und das Gute kommt,
weiß es auch heute nicht und muß nun gehen.

Rainer Maria Rilke

Die Erblindende

Sie saß so wie die anderen beim Tee.
Mir war zuerst, als ob sie ihre Tasse
ein wenig anders als die andern fasse.
Sie lächelte einmal. Es tat fast weh.

Und als man schließlich sich erhob und sprach
und langsam und wie es der Zufall brachte
durch viele Zimmer ging (man sprach und lachte),
da sah ich sie. Sie ging den andern nach,

verhalten, so wie eine, welche gleich
wird singen müssen und vor vielen Leuten;
auf ihren hellen Augen die sich freuten
war Licht von außen wie auf einem Teich.

Sie folgte langsam, und sie brauchte lang
als wäre etwas noch nicht überstiegen;
und doch: als ob, nach einem Übergang,
sie nicht mehr gehen würde, sondern fliegen.

Simon Dach

Lied der Freundschaft

Der Mensch hat nichts so eigen,
So wohl steht ihm nichts an,
Als daß er Treu erzeigen
Und Freundschaft halten kann;
Wann er mit seinesgleichen
Soll treten in ein Band,
Verspricht sich nicht zu weichen,
Mit Herzen, Mund und Hand.

Die Red' ist uns gegeben,
Damit wir nicht allein
Für uns nur sollen leben
Und fern von Leuten sein;
Wir sollen uns befragen
Und sehn auf guten Rat,
Das Leid einander klagen,
So uns betreten hat.

Was kann die Freude machen,
Die Einsamkeit verhehlt?
Das gibt ein doppelt Lachen,
Was Freunden wird erzählt.
Der kann sein Leid vergessen,
Der es von Herzen sagt;
Der muß sich selbst zerfressen,
Der in geheim sich nagt.

Gott stehet mir vor allen,
Die meine Seele liebt;
Dann soll mir auch gefallen,
Der mir sich herzlich gibt;
Mit diesen Bundsgesellen
Verlach' ich Pein und Not,
Geh' auf den Grund der Höllen
Und breche durch den Tod.

Ich hab', ich habe Herzen
So treue, wie gebührt,
Die Heuchelei und Scherzen
Nie wissentlich berührt;
Ich bin auch ihnen wieder
Von Grund der Seelen hold,
Ich lieb' euch mehr, ihr Brüder,
Als aller Erden Gold.

Detlev von Liliencron

In einer großen Stadt

Es treibt vorüber mir im Meer der Stadt
Bald der, bald jener, einer nach dem andern.
Ein Blick ins Auge, und vorüber schon.
  Der Orgeldreher dreht sein Lied.

Es tropft vorüber mir ins Meer des Nichts
Bald der, bald jener, einer nach dem andern.
Ein Blick auf seinen Sarg, vorüber schon.
  Der Orgeldreher dreht sein Lied.

Es schwimmt ein Leichenzug im Meer der Stadt,
Querweg die Menschen, einer nach dem andern.
Ein Blick auf meinen Sarg, vorüber schon.
  Der Orgeldreher dreht sein Lied.

Kurt Tucholsky

Augen in der Großstadt

Wenn du zur Arbeit gehst
am frühen Morgen,
wenn du am Bahnhof stehst
mit deinen Sorgen:
    da zeigt die Stadt
    dir asphaltglatt
  im Menschentrichter
  Millionen Gesichter:
Zwei fremde Augen, ein kurzer Blick,
die Braue, Pupillen, die Lider –
Was war das? vielleicht dein Lebensglück ...
vorbei, verweht, nie wieder.

Du gehst dein Leben lang
auf tausend Straßen;
du siehst auf deinem Gang,
die dich vergaßen.

Ein Auge winkt,
die Seele klingt;
du hasts gefunden,
nur für Sekunden ...
Zwei fremde Augen, ein kurzer Blick,
die Braue, Pupillen, die Lider;
Was war das? kein Mensch dreht die Zeit zurück ...
Vorbei, verweht, nie wieder.

Du mußt auf deinem Gang
durch Städte wandern;
siehst einen Pulsschlag lang
den fremden Andern.
Es kann ein Feind sein,
es kann ein Freund sein,
es kann im Kampfe dein
Genosse sein.
Es sieht hinüber
und zieht vorüber ...
Zwei fremde Augen, ein kurzer Blick,
die Braue, Pupillen, die Lider.
Was war das?
Von der großen Menschheit ein Stück!
Vorbei, verweht, nie wieder.

Christine Busta

Epilog sonntags auf einem Perron

Jetzt schlafen die Drachen, die über den Wiesen flogen.
Bunt war die Erde, der Himmel erfrischend und klar.
In den Abendgäßchen, durch die wir stadtwärts zogen,
roch seltsam nach Feuchte und sterbenden Gärten dein Haar.

Wie hält man das Leben? Wir kommen und gehn. Das Bleiben
ist nur als Frist eines innigen Abschieds gewährt.
Blick und Signal! Und dein Antlitz nickt fremd hinter Scheiben
der Untergrundbahn, die donnernd ins Dunkel fährt.

Rainer Brambach

Der Baum

Seit ich weit draußen
das Haus in der Siedlung bewohne,
wächst aus dem Keller ein Baum
durch Diele und Mansarden.
Laub hängt fahnengleich
zu allen Fenstern hinaus,

der Wipfel wiegt sich
über dem moosgrauen Dach.

Ich hause unbesorgt nah dem Gezweig,
im Hof fault der Spaltklotz,
auf dem Speicher rostet die Säge.
Nachbarn freilich rufen sich zu:
Sein Haus ist wie unsere Häuser,
was ist der Narr fröhlich –
Hört, er singt in der Frühe, redet
und lacht wenn es dämmert!

Der Baum wächst.

Christian Morgenstern

Palmström

Palmström steht an einem Teiche
und entfaltet groß ein rotes Taschentuch:
Auf dem Tuche ist eine Eiche
dargestellt sowie ein Mensch mit einem Buch.

Palmström wagt nicht, sich hineinzuschneuzen.
Er gehört zu jenen Käuzen,
die oft unvermittelt-nackt
Ehrfurcht vor dem Schönen packt.

Zärtlich faltet er zusammen,
was er eben erst entbreitet.
Und kein Fühlender wird ihn verdammen,
weil er ungeschneuzt entschreitet.

Bertolt Brecht

Ein Fisch mit Namen Fasch

Es war einmal ein Fisch mit Namen Fasch
Der hatte einen weißen Asch
Er hatte keine Hände zum Arbeiten nicht
Und er hatte keine Augen zum Sehen im Gesicht

In seinem Kopf war gar nichts drin
Und er hatte auch für nichts einen Sinn
Er kannte nicht das Einmaleins
Und von allen Ländern kannte er keins
Er war nur der Fisch Fasch
Und hatte eben seinen weißen Asch.

Und wenn die Menschen ein Haus bauten
Und wenn die Menschen Holz hauten
Und wenn die Menschen einen dicken Berg durchlochten
Und wenn die Menschen Suppe kochten
Dann sah der Fisch Fasch ihnen stumpfsinnig zu
Und wenn sie ihn fragten: Und was machst du?
Dann sagte er: Ich bin doch der Fisch Fasch
Und dies hier ist mein weißer Asch.

Gingen sie aber am Abend in die Häuser hinein
Dann ging der Fisch Fasch hinter ihnen drein
Und wenn sie sich setzten zum Ofen, nanu
Dann setzte sich der Fisch Fasch auch dazu
Und wenn die Suppe kam auf den Tisch
Dann saß da gleich auch mit einem großen Löffel ein Fisch
Und rief ganz laut: Jetzt esset rasch
Dann zeige ich euch meinen weißen Asch.

Da lachten die Leute und ließen ihn mitessen
Und hätten wohl auch seine Faulheit vergessen
Wenn nicht eine Hungersnot gekommen wäre
Und zwar keine leichte, sondern eine schwere
Und jetzt mußte jeder etwas bringen für die Hungersnot
Der eine brachte ein Stück Käse, der andere eine Wurst, der dritte [ein Brot
Nur der Fisch Fasch brachte nichts als den Löffel mit
Das sahen einige Leute; sie waren grad zu dritt.

Und da fragten sie mal den Fisch Fasch: Na, und du
Was gibst uns jetzt eigentlich du dazu?
Und da sagte der Fisch Fasch
Ja, wenn ich vielleicht meinen weißen Asch ...
Aber da wurden die Leute zum erstenmal sehr bitter zu dem Fisch [Fasch
Und redeten mit ihm plötzlich ganz basch
Und warfen ihn mal rasch
Durch die Eichentür und verhauten ihm draußen seinen weißen [Asch.

Peter Hacks

Ballade vom schweren Leben des Ritters Kauz vom Rabensee

Es war ein alter Ritter,
Herr Kauz vom Rabensee.
Wenn er nicht schlief, dann stritt er.
Er hieß: der Eiserne.

Sein Mantel war aus Eisen,
Aus Eisen sein Habit.
Sein Schuh war auch aus Eisen.
Sein Schneider war der Schmied.

Ging er auf einer Brücke
Über den Rhein – pardauz
Sie brach in tausend Stücke.
So schwer war der Herr Kauz.

Lehnt er an einer Brüstung,
Es macht sofort: pardauz!
So schwer war seine Rüstung.
So schwer war der Herr Kauz.

Und ging nach solchem Drama
Zu Bett er; müd wie Blei:
Sein eiserner Pyjama
Brach auch das Bett entzwei.

Der Winter kam mit Schnaufen,
Mit Kälte und mit Schnee.
Herr Kauz ging Schlittschuh laufen
Wohl auf dem Rabensee.

Er glitt noch eine Strecke
Aufs stille Eis hinaus.
Da brach er durch die Decke
Und in die Worte aus:

Potz Bomben und Gewitter,
Ich glaube, ich ersauf!
Dann gab der alte Ritter
Sein schweres Leben auf.

Joachim Ringelnatz

Fußball

(nebst Abart und Ausartung)

Der Fußballwahn ist eine Krank-
Heit, aber selten, Gott sei Dank.
Ich kenne wen, der litt akut
An Fußballwahn und Fußballwut.
Sowie er einen Gegenstand
In Kugelform und ähnlich fand,
So trat er zu und stieß mit Kraft
Ihn in die bunte Nachbarschaft.
Ob es ein Schwalbennest, ein Tiegel.
Ein Käse, Globus oder Igel,
Ein Krug, ein Schmuckwerk am Altar,

Ein Kegelball, ein Kissen war,
Und wem der Gegenstand gehörte,
Das war etwas, was ihn nicht störte.
Bald trieb er eine Schweineblase,
Bald steife Hüte durch die Straße.
Dann wieder mit geübtem Schwung
Stieß er den Fuß in Pferdedung.
Mit Schwamm und Seife trieb er Sport.
Die Lampenkuppel brach sofort.
Das Nachtgeschirr flog zielbewußt
Der Tante Berta an die Brust.
Kein Abwehrmittel wollte nützen,
Nicht Stacheldraht in Stiefelspitzen,
Noch Puffer außen angebracht.
Er siegte immer, 0 zu 8.
Und übte weiter frisch, fromm, frei
Mit Totenkopf und Straußenei.
Erschreckt durch seine wilden Stöße,
Gab man ihm nie Kartoffelklöße.
Selbst vor dem Podex und den Brüsten
Der Frau ergriff ihn ein Gelüsten,
Was er jedoch als Mann von Stand
Aus Höflichkeit meist überwand.
Dagegen gab ein Schwartenmagen
Dem Fleischer Anlaß zum Verklagen.
Was beim Gemüsemarkt geschah,
Kommt einer Schlacht bei Leipzig nah.
Da schwirrten Äpfel, Apfelsinen
Durchs Publikum wie wilde Bienen.
Da sah man Blutorangen, Zwetschen
An blassen Wangen sich zerquetschen.
Das Eigelb überzog die Leiber,
Ein Fischkorb platzte zwischen Weiber.
Kartoffeln spritzten und Zitronen.
Man duckte sich vor den Melonen.
Dem Krautkopf folgten Kürbisschüsse.
Dann donnerten die Kokosnüsse.
Genug! Als alles dies getan,
Griff unser Held zum Größenwahn.
Schon schäkernd mit der U-Bootsmine
Besann er sich auf die Lawine.

Doch als pompöser Fußballstößer
Fand er die Erde noch viel größer.
Er rang mit mancherlei Problemen.
Zunächst: Wie soll man Anlauf nehmen?
Dann schiffte er von dem Balkon
Sich ein in einem Luftballon.
Und blieb von da an in der Luft.
Verschollen. Hat sich selbst verpufft. –
Ich warne euch, ihr Brüder Jahns,
Vor dem Gebrauch des Fußballwahns!

Erich Kästner

Der Handstand auf der Loreley

(Nach einer wahren Begebenheit)

Die Loreley, bekannt als Fee und Felsen,
ist jener Fleck am Rhein, nicht weit von Bingen,
wo früher Schiffer mit verdrehten Hälsen,
von blonden Haaren schwärmend, untergingen.

Wir wandeln uns. Die Schiffer inbegriffen.
Der Rhein ist reguliert und eingedämmt.
Die Zeit vergeht. Man stirbt nicht mehr beim Schiffen,
bloß weil ein blondes Weib sich dauernd kämmt.

Nichtsdestotrotz geschieht auch heutzutage
noch manches, was der Steinzeit ähnlich sieht.
So alt ist keine deutsche Heldensage,
daß sie nicht doch noch Helden nach sich zieht.

Erst neulich machte auf der Loreley
hoch überm Rhein ein Turner einen Handstand!
Von allen Dampfern tönte Angstgeschrei,
als er kopfüber oben auf der Wand stand.

Er stand, als ob er auf dem Barren stünde.
Mit hohlem Kreuz. Und lustbetonten Zügen.
Man fragte nicht: Was hatte er für Gründe?
Er war ein Held. Das dürfte wohl genügen.

Er stand, verkehrt, im Abendsonnenscheine.
Da trübte Wehmut seinen Turnerblick.
Er dachte an die Loreley von Heine.
Und stürzte ab. Und brach sich das Genick.

Er starb als Held. Man muß ihn nicht beweinen.
Sein Handstand war vom Schicksal überstrahlt.
Ein Augenblick mit zwei gehobnen Beinen
ist nicht zu teuer mit dem Tod bezahlt!

P. S. Eins wäre allerdings noch nachzutragen:
Der Turner hinterließ uns Frau und Kind.
Hinwiederum, man soll sie nicht beklagen.
Weil im Bezirk der Helden und der Sagen
die Überlebenden nicht wichtig sind.

Eugen Roth

Das Sprungbrett

Ein Mensch, den es nach Ruhm gelüstet,
Besteigt, mit großem Mut gerüstet,
Ein Sprungbrett – und man denkt, er liefe
Nun vor und spränge in die Tiefe,
Mit Doppelsalto und dergleichen
Der Menge Beifall zu erreichen.
Doch läßt er, angestaunt von vielen,
Zuerst einmal die Muskeln spielen,
Um dann erhaben vorzutreten,
Als gälts, die Sonne anzubeten.
Ergriffen schweigt das Publikum –
Doch er dreht sich gelassen um
Und steigt, fast möcht man sagen, heiter
Und vollbefriedigt von der Leiter.
Denn, wenn auch scheinbar nur entschlossen,
Hat er doch sehr viel Ruhm genossen,
Genau genommen schon den meisten –
Was sollt er da erst noch was leisten?

Bertolt Brecht

Ich, der Überlebende

Ich weiß natürlich: einzig durch Glück
Habe ich so viele Freunde überlebt. Aber heute nacht im Traum
Hörte ich diese Freunde von mir sagen: „Die Stärkeren überleben"
Und ich haßte mich.

Franz Josef Degenhardt

Tonio Schiavo

Das ist die Geschichte von Tonio Schiavo,
geboren, verwachsen im Mezzo-giorno.
Frau und acht Kinder, und drei leben kaum,
und zweieinhalb Schwestern in einem Raum.
Tonio Schiavo ist abgehaun.
Zog in die Ferne,
ins Paradies,
und das liegt irgendwo bei Herne.

Im Kumpelhäuschen oben auf dem Speicher
mit zwölf Kameraden vom Mezzo-giorno
für hundert Mark Miete und Licht aus um neun,
da hockte er abends und trank seinen Wein.
Und manchmal schienen durchs Dachfenster rein
richtige Sterne
ins Paradies,
und das liegt irgendwo bei Herne.

Richtiges Geld schickte Tonio nach Hause.
Sie zählten's und lachten im Mezzo-giorno.
Er schaffte und schaffte für zehn auf dem Bau.
Und dann kam das Richtfest, und alle waren blau.
Der Polier, der nannte ihn „Itaker-Sau".
Das hört er nicht gerne
im Paradies,
und das liegt irgendwo bei Herne.

Tonio Schiavo, der zog sein Messer,
das Schnappmesser war's aus dem Mezzo-giorno.
Er hieb's in den harten Bauch vom Polier,
und daraus floß sehr viel Blut und viel Bier.
Tonio Schiavo, den packten gleich vier.
Er sah unter sich Herne,
das Paradies,
und das war gar nicht mehr so ferne.

Und das ist das Ende von Tonio Schiavo,
geboren, verwachsen im Mezzo-giorno:
Sie warfen ihn zwanzig Meter hinab.
Er schlug auf das Pflaster, und zwar nur ganz knapp
vor zehn dünne Männer, die waren müde und schlapp,
die kamen grad aus der Ferne – aus dem Mezzo-giorno –
ins Paradies,
und das liegt irgendwo bei Herne.

Jürgen Theobaldy

Nah bei der Boutique

Der Mann, betrunken auf dem Trottoir
an einem Nachmittag im März,
macht die Leute hilflos, hilflos
wie er ist, um hochzukommen, er fällt
zurück und wieder auf den Stein.

Vier, fünf Leute stehen herum,
jeder wortlos und für sich,
ein Mann mit naßgekämmten Haaren
tritt aus der Griechenbar, zieht
an seiner Zigarre und sieht her.

Er wartet; die Leute warten darauf,
daß jemand kommt in Uniform und hilft
und sie von diesem Bild befreit,
das sie beklommen macht und hart,
dann taucht der Stadtbus auf.

Der Mann, er bleibt zurück,
elend und in der Mittagssonne, nah
bei der Boutique, wo sich die junge Frau
in Fenster beugt und das glitzernde
Jackett aus seinen Augen nimmt.

Christa Reinig

Mein besitz

Ich habe einen mantel in die jackentasche zu stecken
einen taschenmantel
ich habe ein radio in die jackentasche zu stecken
ein taschenradio
ich habe eine bibel in die jackentasche zu stecken
eine taschenbibel
ich habe gar keine solche jacke mit taschen
gar keine jackentasche

ich habe eine schnapsflasche mit zwölf gläsern für mich
und alle meine onkels und tanten
ich habe eine kaffeekanne mit vier tassen für mich
und meine drei besten freundinnen
ich habe ein schachbrett mit schwarzen und weißen steinen für mich
und einen freund
ich habe gar keine freunde einzuladen
niemanden

ich habe einen Himmel endlos über mir
darunter mich wiederzufinden
ich habe eine stadt voll straßen endlos
darin mir zu begegnen
ich habe ein lied endlos und endlos
darin ein- und auszuatmen
ich habe nicht mehr als ein gras zwischen zwei pflastersteinen
nicht mehr zu leben

Ernst Jandl

my own song
(mein eigenes lied)

ich will nicht sein
so wie ihr mich wollt
ich will nicht ihr sein
so wie ihr mich wollt
ich will nicht sein wie ihr
so wie ihr mich wollt
ich will nicht sein wie ihr seid
so wie ihr mich wollt
ich will nicht sein wie ihr sein wollt
so wie ihr mich wollt

nicht wie ihr mich wollt
wie ich sein will will ich sein
nicht wie ihr mich wollt
wie ich bin will ich sein
nicht wie ihr mich wollt
wie *ich* will ich sein
nicht wie ihr mich wollt
ich will *ich* sein
nicht wie ihr mich wollt will ich sein
ich will *sein*

„Taub vom Gehämmer der nächtlichen Schicht“

(Wolfgang Bächler)

Bertolt Brecht

Fragen eines lesenden Arbeiters

Wer baute das siebentorige Theben?
In den Büchern stehen die Namen von Königen.
Haben die Könige die Felsbrocken herbeigeschleppt?
Und das mehrmals zerstörte Babylon –
Wer baute es so viele Male auf? In welchen Häusern
Des goldstrahlenden Lima wohnten die Bauleute?
Wohin gingen an dem Abend, wo die Chinesische Mauer fertig war
Die Maurer? Das große Rom
Ist voll von Triumphbögen. Wer errichtete sie? Über wen
Triumphierten die Cäsaren? Hatte das vielbesungene Byzanz
Nur Paläste für seine Bewohner? Selbst in dem sagenhaften Atlantis
Brüllten in der Nacht, wo das Meer es verschlang
Die Ersaufenden nach ihren Sklaven.

Der junge Alexander eroberte Indien.
Er allein?
Cäsar schlug die Gallier.
Hatte er nicht wenigstens einen Koch bei sich?
Philipp von Spanien weinte, als seine Flotte
Untergegangen war. Weinte sonst niemand?
Friedrich der Zweite siegte im Siebenjährigen Krieg. Wer
Siegte außer ihm?

Jede Seite ein Sieg.
Wer kochte den Siegesschmaus?
Alle zehn Jahre ein großer Mann.
Wer bezahlte die Spesen?

So viele Berichte.
So viele Fragen.

Johann Wolfgang Goethe

Lied der Holzhauer

Nur Platz! nur Blöße!
Wir brauchen Räume,
Wir fällen Bäume,
Die krachend schlagen:
Und wenn wir tragen,
Dann gibt es Stöße.
Zu unserm Lobe
Bringt dies ins reine;
Denn wirkten Grobe
Nicht auch im Lande,
Wie kämen Feine
Für sich zustande,
So sehr sie witzten?
Des seid belehret;
Denn ihr erfröret,
Wenn wir nicht schwitzten.

Ina Seidel

Waldarbeiter

Die runde Säge hängt ihm um den Hals,
Axt unterm Arm, so geht er morgens aus.
Hört seine Schritte hallen harten Falls –
Schlafblind, im Dämmer, steht noch Haus bei Haus.

Er hat den meilenweiten Wälderschritt,
Den Hut im Nacken und das Brot im Sack,
Geruch von Harz und Borke führt er mit,
Und kleiner Feuer Reisigrauchgeschmack,

Des frischen Laubes süßen Moderduft,
Und Spechtgeklopf und Häherschrei und schwer
Den Wipfelsturz aus goldner Herbstesluft. –
Axtruf, lang läutend von den Halden her ...

Rainer Brambach

In jener Zeit

In jener Zeit von der ich dir erzähle,
war ich ein Erdarbeiter, aß mein Brot am Zaun,
trug grobes Hemd, Manchesterhose, Garibaldihut
und schneuzte meine Nase mit der bloßen Hand.

Es regnete im März, verdrossen
hob ich die Erde aus und stand
im Graben im August, Gesicht nach unten,
lautlose Staubgewitter über mir.

Wohl acht Etagen tiefer als der Maulwurf
schlug ich mit Wucht die Hacke in den Kies.
Im Stein glomm kaltes Feuer, Funken fuhren
gegen die Holzverschalung hin.

Der Schnee lag auf dem Erdwall dann beim Kabelziehen –
Dezember und ein Himmel aus Zement.
Da half nur noch die selbstgedrehte Zigarette,
der Burrus bleu, der ledern roch.

Heinz Piontek

Das Mahl der Straßenwärter

Im Teerfaßschatten kauen sie gelassen
durchwachsnen Speck und weißes Kümmelbrot
und spucken aus, wenn sie die Messer fassen,
und blinzeln nach dem Limousinenrot.

Die Kaffeeflasche gluckst, die Krusten brechen,
dem Alten hängt im Bart das gelbe Ei,
der Ziegenkäse hindert sie beim Sprechen,
der Mittag zieht als Butterduft vorbei.

Durchs Grabengras rolln die verschwitzten Hüte,
die Männer wischen sich das Fett vom Mund,
bei Schaufeleisen und Kamillenblüte
spürn sie des Daseins wunderlichen Grund.

Sie stopfen Krüll in die zerbissnen Pfeifen,
ein Becher Kirschschnaps treibt ihr zähes Blut.
Das Künftige, schon ist's für sie zu greifen
im Schotterhügel. He – die Welt ist gut!

Ursula Krechel

Die Taschenfrauen

Nicht nur heut am Mittwoch
bei Regen und Schneeglöckchen
gehen sie am Vorgarten entlang
vermummt in Schals und Mützen
kommen mit ihren Taschen so gegen elf
eilig vom Kaufmann an der Ecke
bei dem nur ein Scherz für sie abfällt
schleppen Blumenkohl und Möhren
Roggenbrot und Kräuterquark
in ihren tiefen Taschen
laufen den Kindern über den Weg
die schleppen aus der Schule
Ranzen, Turnschuhe, kneifen sich
raufen, hüpfen noch ein bißchen
dann in der Küche, wenn
die Taschenfrauen ihre tiefen Taschen
auspacken, alles in den Kühlschrank
möcht ich dabei sein, möcht sie
küssen und umarmen, wenn sie einmal
auf dem Grund der tiefen Taschen
suchen nach ihrem eigenen Leben.

Kurt Tucholsky

Mutterns Hände

Hast uns Stulln jeschnitten
un Kaffee jekocht
   un de Töppe rübajeschohm –
un jewischt und jenäht
un jemacht und jedreht ...
   alles mit deine Hände.

Hast de Milch zujedeckt,
uns Bobongs zujesteckt
   un Zeitungen ausjetragen –
hast die Hemden jezählt
und Kartoffeln jeschält ...
   alles mit deine Hände.

Hast uns manches Mal
bei jroßen Schkandal
   auch 'n Katzenkopp jejeben.
Hast uns hochjebracht.
Wir wahn Sticker acht,
sechse sind noch am Leben ...
   alles mit deine Hände.

Heiß warn se un kalt.
Nu sind se alt.
   Nu bist du bald am Ende.
Da stehn wa nu hier,
und denn komm wir bei dir
   und streicheln deine Hände.

Erich Kästner

Hinweis auf die Hände einer Waschfrau

Es gibt berühmtere Hände.
Und schönere gibt's auch.
Die Hände, die Sie hier sehen,
sind für den Hausgebrauch.

Sie kennen nicht Lack noch Feile.
Sie spielten noch nie Klavier.
Sie sind nicht zum Vergnügen,
sondern zum Waschen hier.

Sie waschen nicht nur einander,
sie waschen mit großem Fleiß
die Wäsche, die andere trugen,
mühselig wieder weiß.

Sie duften nicht nach Lavendel,
sondern nach Lauge und Chlor.
Sie wringen und rumpeln und schuften
und fürchten sich nicht davor.

Sie wurden rot und rissig.
Sie wurden fühllos und rauh.
Und wenn sie jemanden streicheln,
streicheln sie ungenau.

Adelbert von Chamisso

Die alte Waschfrau

Du siehst geschäftig bei dem Linnen
Die Alte dort im weißen Haar,
Die rüstigste der Wäscherinnen
Im sechsundsiebenzigsten Jahr.
So hat sie stets mit sauerm Schweiß
Ihr Brot in Ehr und Zucht gegessen
Und ausgefüllt mit treuem Fleiß
Den Kreis, den Gott ihr zugemessen.

Sie hat in ihren jungen Tagen
Geliebt, gehofft und sich vermählt,
Sie hat des Weibes Los getragen,
Die Sorgen haben nicht gefehlt,
Sie hat den kranken Mann gepflegt,
Sie hat drei Kinder ihm geboren,
Sie hat ihn in das Grab gelegt
Und Glaub und Hoffnung nicht verloren.

Da galt's die Kinder zu ernähren,
Sie griff es an mit heiterm Mut,
Sie zog sie auf in Zucht und Ehren,
Der Fleiß, die Ordnung sind ihr Gut.
Zu suchen ihren Unterhalt,
Entließ sie segnend ihre Lieben,
So stand sie nun allein und alt,
Ihr war ihr heitrer Mut geblieben.

Sie hat gespart und hat gesonnen
Und Flachs gekauft und nachts gewacht,
Den Flachs zu feinem Garn gesponnen,
Das Garn dem Weber hingebracht,
Der hat's gewebt zu Leinewand,
Die Schere brauchte sie, die Nadel
Und nähte sich mit eigner Hand
Ihr Sterbehemde sonder Tadel.

Ihr Hemd, ihr Sterbehemd, sie schätzt es,
Verwahrt's im Schrein am Ehrenplatz,
Es ist ihr erstes und ihr letztes,
Ihr Kleinod, ihr ersparter Schatz.
Sie legt es an, des Herren Wort
Am Sonntag früh sich einzuprägen,
Dann legt sie's wohlgefällig fort,
Bis sie darin zur Ruh sie legen.

Und ich an meinem Abend wollte,
Ich hätte, diesem Weibe gleich,
Erfüllt, was ich erfüllen sollte,
In meinen Grenzen und Bereich,
Ich wollt, ich hätte so gewußt,
Am Kelch des Lebens mich zu laben,
Und könnt am Ende gleiche Lust
An meinem Sterbehemde haben.

Heinz Kahlau

Gedicht über Hände

I

Sie saß am Band, an diesen langen Tischen,
saß vorgebeugt und zeigte kein Gesicht.
Sie lötete Kontakte an die Spulen,
es war wie jeden Tag in ihrer Schicht.

Doch ihre Hände waren nicht wie Vögel,
die zwischen Gittern müde hin und her
die ewiggleiche stumme Sehnsucht flattern,
als gäbe es für sie nichts andres mehr.

Sie hatte Hände, die wie Tänzer waren,
denn sie bewegten sich so leicht und frei,
als ob die Anmut dieser schmalen Finger
ganz ohne Mühe zu erreichen sei.

II

Der ewig gleiche Griff von Tag zu Tag.
Die gleiche Drehung, sieben lange Stunden.
Was tut der Kopf, zu dem die Hand gehört?
Hat dieser Kopf den stumpfen Tanz erfunden?

Was tut die Frau nach solchem Arbeitstag,
wenn ihre Hebel wieder Hände werden?
Malt sie mit ihrem Kind ein buntes Bild,
formt sie Figuren, zart, aus Ton und Erden?

Spielt sie Gitarre, näht sie sich ein Kleid,
denkt sie sich Hebel aus anstatt der Hände?
Liest sie ein Buch, in dem sie danach sucht:
Wie macht der Mensch der Hebelhand ein Ende?

Johannes Schenk

Schichtzettel

Die verwinkelten Lagerschuppen,
der einarmige Pförtner und
die unerhörten Schreie der Männer
in der Halle beim Warten
auf welche Schicht, drüber
die bedrohlichen der Arbeits-
verteiler auf den Podesten.
Und die Herbstblätter des Hafens,
die Schichtzettel,
worauf gedruckt ist:
der Kai welches Schiff welches Tor
welche Gang,
ob Schaufel ob Sackhaken,
mit denen sich die Leute
wieder acht Stunden
die Muskeln aufreißen müssen
aus ihren Armen. Dahinter
dies gar nicht schöne
Heulen und Tuten
der verdammten bemalten Dampfer.

Günter Eich

Weg zum Bahnhof

Noch schweigt die Fabrik,
verödet im Mondschein.
Das Frösteln des Morgens
wollt ich gewohnt sein!

Rechts in der Jacke
die Kaffeeflasche,
die frierende Hand
in der Hosentasche,

so ging ich halb schlafend
zum Sechsuhrzug,
mich griffe kein Trauern,
ich wär mir genug.

Nun aber rührt der warme Hauch
aus den Bäckerein
mein Herz an wie eine Zärtlichkeit
und ich kann nicht gelassen sein.

Wolfgang Bächler

Lichtwechsel

Als ich hinaustrat
durchs Tor der Fabrik,
taub vom Gehämmer
der nächtlichen Schicht,
blind von den Lampen,
Signalen und Feuern,
blind von den Schäumen
flutenden Schlafes,
biß mir der Frost
die Ohren auf,
riß mir der Frost
die Augen auf.

Und aus den Gärten
erfrorenen Bürgerglücks
löste sich's schwarz –
die Schwärme der Vögel
von der Sehne des Lichts
in den Himmel gepfeilt,
Aufschwünge ins Blau
einer plötzlichen Hoffnung,
ein schwirrender Ton
durch die knisternde Luft,
der Bogen der Sonne
wird sichtbar.

Hypnotische Helle
wuchs über die dunkle
Schraffur der Zäune,
über die zittrige
Schrift des Geästs,
über die Mauern,
die Pfähle, die Drähte.
Aus den Kaminen
stieg die verbrannte
Kohle der Nacht
in den heiteren Morgen.

Arnold Leifert

Anzeige

Gepflegtes
freist. Bauernhaus
mit Stallung, Stadel
auf baumbest. gr. Wiesengrund,
Bau- und Zukaufmöglichkeit
vorhanden;

Beste Gelegenheit für
Pferdehaltung
oder
Gastarbeiterunterkunft;

Zuschriften
unter

Dieter E. Zimmer

Stellenteil

Passen Sie so wie Sie aussehen
in ein gediegenes Unternehmen?
Verbreiten Sie keine Mißdüfte
in einer gepflegten Arbeitsatmosphäre?
Sind Sie rücksichtslos zukunftsorientiert?
Sind Sie unbegrenzt durchsetzungsfähig?
Sind Sie von liebenswürdigem Wesen
und bis ins letzte kostenbewußt?
Verbinden Sie charakterliche Festigkeit
mit ausdauernder Flexibilität?
Würden Sie sich mit einer gesunden Portion Aggressivität
in unsere harmonisierende Betriebsgemeinschaft einfügen?
Sind Sie unseren verschiedenen Sozialleistungen gewachsen?
Behalten Sie ein einnehmendes Erscheinungsbild
auch angesichts des Teams unserer Führungskräfte?
Sind Sie belastbar durch Fußtritte?
Können Sie Abschußlisten zusammenstellen?
Geht Ihnen die Überzeugungskraft nicht aus
wenn Sie selber angeschossen werden?
Sind Sie denn überhaupt leistungsbereit?
Möchten Sie etwa Ihrem Untergang zuvorkommen?
Näßt Sie der Regen?
Zerwühlt Ihnen der Sturm die Frisur?
Zerfrißt Ihnen das Salz nicht die Stiefel?
Knautscht Ihre Hose das Einwinkeln der Knie?
Kratzen Glasscherben Ihre Haut blutig?
Verfallen Sie mit den Jahren?
Werfen Epidemien Sie um?
Verformt sich Ihr Gesicht im freien Fall?

Wenn Sie unsern Ansprüchen zu genügen glauben
dann bieten Sie sich uns an
und wir kaufen Sie uns

Johann Wolfgang Goethe

Der Schatzgräber

Arm am Beutel, krank am Herzen,
Schleppt ich meine langen Tage.
Armut ist die größte Plage,
Reichtum ist das höchste Gut!
Und, zu enden meine Schmerzen,
Ging ich, einen Schatz zu graben.
Meine Seele sollst du haben!
Schrieb ich hin mit eignem Blut.

Und so zog ich Kreis um Kreise,
Stellte wunderbare Flammen,
Kraut und Knochenwerk zusammen:
Die Beschwörung war vollbracht.
Und auf die gelernte Weise
Grub ich nach dem alten Schatze
Auf dem angezeigten Platze;
Schwarz und stürmisch war die Nacht.

Und ich sah ein Licht von weiten,
Und es kam gleich einem Sterne
Hinten aus der fernsten Ferne,
Eben als es zwölfe schlug.
Und da galt kein Vorbereiten:
Heller wards mit einem Male
Von dem Glanz der vollen Schale,
Die ein schöner Knabe trug.

Holde Augen sah ich blinken
Unter dichtem Blumenkranze;
In des Trankes Himmelsglanze
Trat er in den Kreis herein.
Und er hieß mich freundlich trinken,
Und ich dacht: es kann der Knabe
Mit der schönen lichten Gabe
Wahrlich nicht der Böse sein.

Trinke Mut des reinen Lebens!
Dann verstehst du die Belehrung,
Kommst, mit ängstlicher Beschwörung,
Nicht zurück an diesen Ort.
Grabe hier nicht mehr vergebens!
Tages Arbeit, abends Gäste!
Saure Wochen, frohe Feste!
Sei dein künftig Zauberwort!

Gottfried August Bürger

Die Schatzgräber

Ein Winzer, der am Tode lag,
Rief seine Kinder an und sprach:
„In unserm Weinberg liegt ein Schatz,
Grabt nur darnach!" – „An welchem Platz?"
Schrie alles laut den Vater an ...
„Grabt nur!" ... O weh! da starb der Mann.

Kaum war der Alte beigeschafft,
So grub man nach aus Leibeskraft.
Mit Hacke, Karst und Spaten ward
Der Weinberg um und um gescharrt.
Da war kein Kloß, der ruhig blieb;
Man warf die Erde gar durchs Sieb
Und zog die Harken kreuz und quer
Nach jedem Steinchen hin und her.
Allein da ward kein Schatz verspürt,
Und jeder hielt sich angeführt.

Doch kaum erschien das nächste Jahr,
So nahm man mit Erstaunen wahr,
Daß jede Rebe dreifach trug.
Da wurden erst die Söhne klug
Und gruben nun Jahr ein Jahr aus
Des Schatzes immer mehr heraus.

Ferdinand Freiligrath

Aus dem schlesischen Gebirge

Nun werden grün die Brombeerhecken;
Hier schon ein Veilchen – welch ein Fest!
Die Amsel sucht sich dürre Stecken,
Und auch der Buchfink baut sein Nest.
Der Schnee ist überall gewichen;
Die Koppe nur sieht weiß ins Tal.
Ich habe mich von Haus geschlichen;
Hier ist der Ort – ich wag's einmal:
„Rübezahl!"

Hört er's? Ich seh ihm dreist entgegen;
Er ist nicht bös. Auf diesen Block
Will ich mein Leinwandpäckchen legen –
Es ist ein richt'ges, volles Schock.
Und fein! Ja, dafür kann ich stehen,
Kein beßres wird gewebt im Tal –
Er läßt sich immer noch nicht sehen!
Drum frischen Mutes noch einmal:
„Rübezahl!"

Kein Laut! – Ich bin ins Holz gegangen,
Daß er uns hilft in unsrer Not.
O meiner Mutter blasse Wangen –
Im ganzen Haus kein Stückchen Brot!
Der Vater schritt zum Markt mit Fluchen –
Fänd er auch Käufer nur einmal!
Ich will's mit Rübezahl versuchen –
Wo bleibt er nur? Zum drittenmal:
„Rübezahl!"

Er half so vielen schon vorzeiten;
Großmutter hat mir's oft erzählt.
Ja, er ist gut den armen Leuten,
Die unverschuldet Elend quält.
So bin ich froh denn hergelaufen
Mit einer richt'gen Ellenzahl.
Ich will nicht betteln, will verkaufen.
Oh, daß er käme! „Rübezahl!
Rübezahl!"

Wenn dieses Päckchen ihm gefiele,
Vielleicht gar bät er mehr sich aus.
Das wär mir recht! Ach, gar zu viele
Gleich schöne liegen noch zu Haus;
Die nähm er alle bis zum letzten.
Ach, fiel' auf dies doch seine Wahl,
Da löst ich ein selbst die versetzten –
Das wär ein Jubel! „Rübezahl!
  Rübezahl!"

Dann trät ich froh ins kleine Zimmer
Und riefe: „Vater, Geld genug!"
Dann flucht' er nicht, dann sagt' er nimmer:
„Ich web euch nur ein Hungertuch!"
Dann lächelte die Mutter wieder
Und tischt' uns auf ein reichlich Mahl;
Dann jauchzten meine kleinen Brüder.
O käm, o käm er! „Rübezahl!
  Rübezahl!"

So rief der dreizehnjähr'ge Knabe;
So stand und rief er, matt und bleich.
Umsonst! Nur dann und wann ein Rabe
Flog durch des Gnomen altes Reich.
So stand und paßt' er Stund auf Stunde,
Bis daß es dunkel ward im Tal
Und er halblaut mit zuckendem Munde
Ausrief durch Tränen noch einmal:
  „Rübezahl!"

Dann ließ er still das buschige Fleckchen
Und zitterte und sagte: Hu!
Und schritt mit seinem Leinwandpäckchen
Dem Jammer seiner Heimat zu.
Oft ruht' er aus auf moos'gen Steinen,
Matt von Bürde, die er trug.
Ich glaub, sein Vater webt dem Kleinen
Zum Hunger- bald das Leichentuch!
  Rübezahl!

Heinrich Heine

Die schlesischen Weber

Im düstern Auge keine Träne,
Sie sitzen am Webstuhl und fletschen die Zähne:
Deutschland, wir weben dein Leichentuch,
Wir weben hinein den dreifachen Fluch –
  Wir weben, wir weben!

Ein Fluch dem Gotte, zu dem wir gebeten
In Winterskälte und Hungersnöten;
Wir haben vergebens gehofft und geharrt,
Er hat uns geäfft und gefoppt und genarrt –
  Wir weben, wir weben!

Ein Fluch dem König, dem König der Reichen,
Den unser Elend nicht konnte erweichen,
Der den letzten Groschen von uns erpreßt
Und uns wie Hunde erschießen läßt –
  Wir weben, wir weben!

Ein Fluch dem falschen Vaterlande,
Wo nur gedeihen Schmach und Schande,
Wo jede Blume früh geknickt,
Wo Fäulnis und Moder den Wurm erquickt –
  Wir weben, wir weben!

Das Schiffchen fliegt, der Webstuhl kracht,
Wir weben emsig Tag und Nacht –
Altdeutschland, wir weben dein Leichentuch,
Wir weben hinein den dreifachen Fluch,
  Wir weben, wir weben!

Richard Dehmel

Erntelied

Es steht ein goldnes Garbenfeld,
Das geht bis an den Rand der Welt.
  Mahle, Mühle, mahle!

Es stockt der Wind im weiten Land,
Viel Mühlen stehn am Himmelsrand.
  Mahle, Mühle, mahle!

Es kommt ein dunkles Abendrot,
Viel arme Leute schrein nach Brot.
  Mahle, Mühle, mahle!

Es hält die Nacht den Sturm im Schoß,
Und morgen geht die Arbeit los.
  Mahle, Mühle, mahle!

Es fegt der Sturm die Felder rein,
Es wird kein Mensch mehr Hunger schrein.
  Mahle, Mühle, mahle!

Georg Weerth

Die hundert Bergleute von Haswell

Die hundert Männer von Haswell,
Die starben an einem Tag,
Die starben zu einer Stunde,
Die starben auf einen Schlag.

Und als sie still begraben,
Da kamen wohl hundert Fraun,
Wohl hundert Fraun von Haswell,
Gar kläglich anzuschaun.

Sie kamen mit ihren Kindern,
Sie kamen mit Tochter und Sohn:
„Du reicher Herr von Haswell,
Nun gib uns unsern Lohn!“

Der reiche Herr von Haswell,
Der stand nicht lange an;
Er zahlte wohl den Wochenlohn
Für jeden gestorbnen Mann.

Und als der Lohn bezahlet,
Da schloß er die Kiste zu.
Die eisernen Riegel klangen,
Die Weiber weinten dazu.

Paul Zech

Das Grubenpferd

So schwarz weint keine Nacht am scharzen Gitter,
wie in dem schwaruen Schacht das blinde Pferd.
Ihm ist, als ob die Wiese, die es bitter
in jedem Heuhalm schmeckt, nie wiederkehrt.

Es wittert durch das schwarze Fleisch der Steine
den Tod und sieht ihn mit den toten Augen an,
und ist mit ihm die ganze Nacht alleine
und geht nur widerwillig ins Gespann.

Der Knabe, der es durch die Gänge treibt,
will es mit Brot und Zucker fröhlich machen.
... Es kann nicht mehr wie andre Pferde lachen.
In seinen Augen wurmt die Nacht und bleibt.

Nur manchmal, wenn mit dem Geruch von Laub
waldfrisches Holz nach unten wird gefahren –:
Hebt es den Kopf und beißt sich in den Haaren
des Knaben fest, und stampft ihn in den Staub.

Und rast durch schwarzer Schächte Labyrinth
und stürzt im Fliehn die steile Felsentreppe
herab, und wiehert durch die grüne Steppe,
auf der die toten Perde mächtig sind.

Karl Henckell

Das Lied des Steinklopfers

Ich bin kein Minister,
Ich bin kein König,
Ich bin kein Priester,
Ich bin kein Held;
Mir ist kein Orden,
Mir ist kein Titel
Verliehen worden
Und auch kein Geld.

Dich will ich kriegen,
Du harter Plocken,
Die Splitter fliegen,
Der Sand stäubt auf –
„Du armer Flegel",
Mein Vater brummte,
„Nimm meinen Schlägel" –
Und starb darauf.

Heut hab ich Armer
Noch nichts gegessen,
Der Allerbarmer
Hat nichts gesandt;
Von goldnem Weine
Hab ich geträumet
Und klopfe Steine
Fürs Vaterland.

Wolfgang Weyrauch

Verse aus Kohlhaasenbrück, Möwen

Die Möwen kamen im August.
Da hat der arme Mann gewußt:
bald kommt der Winter übers Schilf.
Ach, hilf,
daß nicht das Eis vom toten See
in unser Kinderzimmer geh,
und klirrt und kracht und macht sich groß,
und unsre Würmer liegen bloß.
Ich dachts und bebte im August.
Und hab zum Torfe fortgemußt.

Gerhart Hauptmann

Frau Julie Schubert ins Stammbuch

Ich kam vom Pflug der Erde
zum Flug ins weite All
und vom Gebrüll der Herde
zum Sang der Nachtigall.

Die Welt hat manche Straße,
und jede gilt mir gleich,
ob ich ins Erdreich fasse,
ob ins Gedankenreich.

Es wiegt mit gleicher Schwere
auf Erden jedes Glied.
Ihr gebt mir eure Ähre,
ich gebe euch mein Lied.

Bertolt Brecht

Die Vögel warten im Winter vor dem Fenster

Ich bin der Sperling.
Kinder, ich bin am Ende.
Und ich rief euch immer im vergangenen Jahr
Wenn der Rabe wieder im Salatbeet war.
Bitte um eine kleine Spende.
Sperling, komm nach vorn.
Sperling, hier ist dein Korn.
Und besten Dank für die Arbeit!

Ich bin der Buntspecht.
Kinder, ich bin am Ende.
Und ich hämmere die ganze Sommerzeit
All das Ungeziefer schaffe ich beiseit.
Bitte um eine kleine Spende.
Buntspecht, komm nach vurn.
Buntspecht, hier ist dein Wurm.
Und besten Dank für die Arbeit!

Ich bin die Amsel.
Kinder, ich bin am Ende.
Und ich war es, die den ganzen Sommer lang
Früh im Dämmergrau in Nachbars Garten sang.
Bitte um eine kleine Spende.
Amsel, komm nach vorn,
Amsel, hier ist dein Korn.
Und besten Dank für die Arbeit!

Kurt Bartsch

Poesie

Die männer im elektrizitätswerk
Zünden sich die morgenzigarette an.
Sie haben, während ich nachtsüber schrieb,
Schwitzend meine arbeitslampe gefüttert.
Sie schippten kohlen für ein mondgedicht.

„Daß sie euch mit Krieg verschonen“

(Bertolt Brecht)

Georg Heym

Der Krieg

Aufgestanden ist er, welcher lange schlief,
Aufgestanden unten aus Gewölben tief.
In der Dämmrung steht er, groß und unbekannt,
Und den Mond zerdrückt er in der schwarzen Hand.

In den Abendlärm der Städte fällt es weit,
Frost und Schatten einer fremden Dunkelheit.
Und der Märkte runder Wirbel stockt zu Eis.
Es wird still. Sie sehn sich um. Und keiner weiß.

In den Gassen faßt es ihre Schulter leicht.
Eine Frage. Keine Antwort. Ein Gesicht erbleicht.
In der Ferne zittert ein Geläute dünn,
Und die Bärte zittern um ihr spitzes Kinn.

Auf den Bergen hebt er schon zu tanzen an,
Und er schreit: „Ihr Krieger alle, auf und an!“
Und es schallet, wenn das schwarze Haupt er schwenkt,
Drum von tausend Schädeln laute Kette hängt.

Einem Turm gleich tritt er aus die letzte Glut,
Wo der Tag flieht, sind die Ströme schon voll Blut.
Zahllos sind die Leichen schon im Schilf gestreckt,
Von des Todes starken Vögeln weiß bedeckt.

In die Nacht er jagt das Feuer querfeldein,
Einen roten Hund mit wilder Mäuler Schrein.
Aus dem Dunkel springt der Nächte schwarze Welt,
Von Vulkanen furchtbar ist ihr Rand erhellt.

Und mit tausend hohen Zipfelmützen weit
Sind die finstren Ebnen flackend überstreut,
Und was unten auf den Straßen wimmelnd flieht,
Stößt er in die Feuerwälder, wo die Flamme brausend zieht.

Und die Flammen fressen brennend Wald um Wald,
Gelbe Fledermäuse, zackig in das Laub gekrallt,
Seine Stange haut er wie ein Köhlerknecht,
In die Bäume, daß das Feuer brause recht.

Eine große Stadt versank in gelbem Rauch,
Warf sich lautlos in des Abgrunds Bauch.
Aber riesig über glühnden Trümmern steht,
Der in wilde Himmel dreimal seine Fackel dreht.

Über sturmzerfetzter Wolken Widerschein,
In des toten Dunkels kalten Wüstenein,
Daß er mit dem Brande weit die Nacht verdorr,
Pech und Feuer träufet unten auf Gomorrh.

Matthias Claudius

Kriegslied

's ist Krieg! 's ist Krieg! O Gottes Engel wehre,
  Und rede Du darein!
's ist leider Krieg – und ich begehre
  Nicht schuld daran zu sein!

Was sollt' ich machen, wenn im Schlaf mit Grämen
  Und blutig, bleich und blaß,
Die Geister der Erschlagnen zu mir kämen,
  Und vor mir weinten, was?

Wenn wackre Männer, die sich Ehre suchten,
  Verstümmelt und halb tot
Im Staub sich vor mir wälzten und mir fluchten
  In ihrer Todesnot?

Wenn tausend tausend Väter, Mütter, Bräute,
  So glücklich vor dem Krieg,
Nun alle elend, alle arme Leute,
  Wehklagten über mich?

Wenn Hunger, böse Seuch' und ihre Nöten
  Freund, Freund und Feind ins Grab
Versammleten, und mir zu Ehren krähten
  Von einer Leich' herab?

Was hülf' mir Kron' und Land und Gold und Ehre?
  Die könnten mich nicht freun!
's ist leider Krieg – und ich begehre
  Nicht schuld daran zu sein!

Andreas Gryphius

Tränen des Vaterlandes, Anno 1636

Wir sind doch nunmehr ganz, ja mehr denn ganz verheeret.
Der frechen Völker Schar, die rasende Posaun,
Das vom Blut fette Schwert, die donnernde Kartaun
Hat aller Schweiß und Fleiß und Vorrat aufgezehret.

Die Türme stehn in Glut, die Kirch ist umgekehret,
Das Rathaus liegt im Graus, die Starken sind zerhaun,
Die Jungfraun sind geschändet, und wo wir hin nur schaun
Ist Feuer, Pest und Tod, der Herz und Geist durchfähret.

Hier durch die Schanz und Stadt rinnt allzeit frisches Blut.
Dreimal sind schon sechs Jahr, als unser Ströme Flut,
Von Leichen fast verstopft, sich langsam fortgedrungen.

Doch schweig ich noch von dem, was ärger als der Tod,
Was grimmer denn die Pest und Glut und Hungersnot,
Daß auch der Seelenschatz so vielen abgezwungen.

Friedrich von Logau

Des Krieges Buchstaben

Kummer, der das Mark verzehret,
Raub, der Hab und Gut verheeret,
Jammer, der den Sinn verkehret,
Elend, das den Leib beschweret,
Grausamkeit, die Unrecht lehret,
Sind die Frucht, die Krieg gewähret.

August Stramm

Patrouille

Die Steine feinden
Fenster grinst Verrat
Äste würgen
Berge Sträucher blättern raschlig
Gellen
Tod.

Rainer Brambach

Paul

Neunzehnhundertsiebzehn
an einem Tag unter Null geboren,

rannte er wild über den Kinderspielplatz
fiel, und rannte weiter,

den Ball werfend über den Schulhof,
fiel, und rannte weiter,

das Gewehr im Arm über das Übungsgelände,
fiel, und rannte weiter

an einem Tag unter Null
in ein russisches Sperrfeuer

und fiel.

Bertolt Brecht

Mein Bruder war ein Flieger

Mein Bruder war ein Flieger
Eines Tages bekam er eine Kart
Er hat seine Kiste eingepackt
Und südwärts ging die Fahrt.

Mein Bruder ist ein Eroberer
Unserm Volke fehlt's an Raum
Und Grund und Boden zu kriegen, ist
Bei uns ein alter Traum.

Der Raum, den mein Bruder eroberte
Liegt im Guadarramamassiv
Er ist lang einen Meter achtzig
Und einen Meter fünfzig tief.

Johannes Bobrowski

Bericht

Bajla Gelblung,
entflohen in Warschau
einem Transport aus dem Ghetto,
das Mädchen
ist gegangen durch Wälder,
bewaffnet, die Partisanin
wurde ergriffen
in Brest-Litowsk,
trug einen Militärmantel (polnisch),
wurde verhört von deutschen
Offizieren, es gibt
ein Foto, die Offiziere sind junge
Leute, tadellos uniformiert,
mit tadellosen Gesichtern,
ihre Haltung
ist einwandfrei.

Bertolt Brecht

Ballade vom Weib und dem Soldaten

Das Schießgewehr schießt, und das Spießmesser spießt
Und das Wasser frißt auf, die drin waten.
Was könnt ihr gegen Eis? Bleibt weg, 's ist nicht weis'!
Sagte das Weib zum Soldaten.

Doch der Soldat mit der Kugel im Lauf
Hörte die Trommel und lachte darauf:
Marschieren kann nimmermehr schaden!
Hinab nach dem Süden, nach dem Norden hinauf
Und das Messer fängt er mit Händen auf!
Sagten zum Weib die Soldaten.

Ach, bitter bereut, wer des Weisen Rat scheut
Und vom Alter sich nicht läßt beraten.
Ach, zu hoch nicht hinaus, es geht übel aus!
Sagte das Weib zum Soldaten.

Doch der Soldat mit dem Messer im Gurt
Lacht' ihr kalt ins Gesicht und ging über die Furt
Was konnte das Wasser ihm schaden?
Wenn weiß der Mond überm Schindeldach steht
kommen wir wieder; nimm's auf ins Gebet!
Sagten zum Weib die Soldaten.

Ihr vergehet wie der Rauch, und die Wärme geht auch
Und uns wärmen nicht eure Taten!
Ach, wie schnell geht der Rauch! Gott behüte ihn auch!
Sagte das Weib vom Soldaten.

Und der Soldat mit dem Messer am Gurt
Sank hin mit dem Spieß, und mit riß ihn die Furt
Und das Wasser fraß auf, die drin waten.
Kühl stand der Mond überm Schindeldach weiß
Doch der Soldat trieb hinab mit dem Eis
Und was sagten dem Weib die Soldaten?

Er verging wie der Rauch, und die Wärme ging auch
Und es wärmten sie nicht seine Taten.
Ach, bitter bereut, wer des Weisen Rat scheut!
Sagte das Weib den Soldaten. *(nach Kipling)*

H. C. Artmann

soldaten ach soldaten ja
die müssen früh aufstehn
um auf der lauer zu liegen
oder auch schildwach stehn;
und kommt der herr hauptmann
spätnächtlich noch vorbei
so denkt er sich granaten mord
blitz pulver potz und blei –
soldaten ach soldaten ja
sind vogelfrank und frei ...

wenn man dann hie und manchmal
die schlacht nicht übersteht –
soldaten ach soldaten ja
die wissen wie das geht –
da schwirrt der todesengel
trägt uns beim schnurrbart fort ...

der hauptmann schreibt
trostbrieflein heim –
setzt artig wort um wort
bringt hübsch den tod
in vers und reim ...
schreibt alles vom granatenmord
von blitz potz pulver blei –
soldaten ach soldaten ja
die stürben oft dabei ...

Ivan Goll

Johann Ohneland singt die Ballade von allen Müttern

An jedem Fenster der Welt
hinter dem schwarzen Laden
ein schwarzes Mütterchen
befragt den Engel des Abends

befragt den Engel des Abends
über den Soldatensohn
ein Gebet ist gezupft
auf der Harfe ihres Herzens

auf der Harfe ihres Herzens
weint ein kleines
Stimmchen eines
der sich fürchtet vor dem Wind

der sich fürchtet vor dem Wind
doch er hat den Ball geschwungen
weiter noch als alle Jungen
von Krefeld nach Korinth

von Köln nach Krosnodar
hat er die Bombe geschleudert
überall wo in Häusern
die schönsten Mädchen standen

die schönsten Mädchen standen
unter Mandeln in Zagreb
unter Kastanien in Smolensk
stehn überall nur Gräber

stehn überall nur Gräber
unterm Mohnfeld von Chungking
überm Kohlschacht von Cardiff
stehn überall nur Kreuze

stehn überall nur Kreuze
in den Fenstern der Welt
dahinter schwarze Mütterchen
sich auf Wache gestellt

sich auf Wache gestellt
über den Matros zur See
über den Soldat im Schnee
dahinten in der Welt

dahinten in der Welt
wo in den schlaflosen Jahren
die brennenden Züge fahren
die niemals wiederkehrn

die niemals wiederkehrn?
Doch einer hat heute gesagt:
„Der Krieg er wird vergehn."
Es kommt es kommt der Tag

es kommt es kommt der Tag
mein Liebster du mein Schatz
mein kleiner Bub mein Kind
mein Vögelchen geschwind

mein kleiner großer Gott
du hast es mir gelobt
wenn der Apfel blüht im Hof;
O mein Herz schlägt sich zu Tod!

Bernd Jentzsch

Mann zum Jahreswechsel 45/46

Wozu denn zwei Söhne, wofür
Der eine bei Narvik, der andre
Hinter der Wolga, vermißt, und beide,
Wozu denn, verloren, die Wohnung, unser
Bescheidener Laden, wozu denn,
Kurz vorm Ende, eine Sprengbombe
War es, und selbst noch die Frau,
Wozu denn das alles und so unwiderbringlich, für wen
Das nackte Leben retten, das Hemd wechseln,
Das Jahr, wozu denn das Glas erheben
Und auf wen.

Günter Eich

Inventur

Dies ist meine Mütze,
Dies ist mein Mantel,
Hier mein Rasierzeug
Im Beutel aus Leinen.

Konservenbüchse:
Mein Teller, mein Becher,
Ich hab in das Weißblech
Den Namen geritzt.

Geritzt hier mit diesem
Kostbaren Nagel,
Den vor begehrlichen
Augen ich berge.

Im Brotbeutel sind
Ein Paar wollene Socken
Und einiges, was ich
Niemand verrate,

So dient es als Kissen
Nachts meinem Kopf.
Die Pappe hier liegt
Zwischen mir und der Erde.

Die Bleistiftmine
Lieb ich am meisten:
Tags schreibt sie mir Verse,
Die nachts ich erdacht.

Dies ist mein Notizbuch,
Dies ist meine Zeltbahn,
Dies ist mein Handtuch,
Dies ist mein Zwirn.

Hans Bender

Heimkehr

Im Rock des Feindes,
in zu großen Schuhen,
im Herbst,
auf blattgefleckten Wegen
gehst du heim.
Die Hähne krähen
deine Freude in den Wind,
und zögernd pocht
dein Knöchel
an die stumme,
neue Tür.

Wolfgang Weyrauch

Der Wind geht ums Haus

Der Wind, der Wind, der geht ums Haus,
wir löffeln unsre Suppe aus,
dann gehn wir fröhlich schlafen.

Doch plötzlich sind wir wieder wach,
was ist das für ein wehes Ach,
und können nicht mehr schlafen.

Es ist ein Ach und ist ein Weh,
wie's Elend in Gethsemane,
da konnt auch keiner schlafen.

Das ist kein Wind, das ist kein Sturm,
das ist auch nicht im Holz der Wurm,
das ist ein armes Weinen.

Die Kinder weinen in dem Wind,
die all die Jahr gestorben sind,
die hör'n wir draußen weinen.

Sie weinen, die der Hitler schlug
ins weiße, weiße Leichentuch,
die hör'n wir schrecklich weinen.

Die Kinder sind's, so viel, so viel,
auf die die Glut vom Himmel fiel,
die jammern in der Stube.

Die andern auch, aus Schnee und Eis,
sind voll des wimmernden Geschreis
in unsrer warmen Stube.

Die ungeheure Kinderwelt
hat tot sich um das Haus gestellt,
wir frieren in der Stube.

Wir frieren, und wir schlafen nicht,
wir liegen auf dem Angesicht,
wir schämen uns zu Tode.

Wir decken mit dem Bettzeug zu
das eigne Kind, ach, bleibe du
bewahrt vor ihrem Tode –

Die weiterziehn, von Haus zu Haus;
wir löschen unsre Lampen aus
und beben vor dem Tode.

Ernst Jandl

vater komm erzähl vom krieg

vater komm erzähl vom krieg
vater komm erzähl wiest eingrückt bist
vater komm erzähl wiest gschossen hast
vater komm erzähl wiest verwundt wordn bist
vater komm erzähl wiest gfallen bist
vater komm erzähl vom krieg

Wolf Biermann

Ballade vom Panzersoldat und vom Mädchen

1
Da war einmal ein Panzersoldat
Der ging mal auf den Weihnachtsmarkt
Auf Urlaub in Berlin
Und der Soldat
  der kam ja grad
Der kam grad vom Manöver

2
Da stand im hellen Lichterglanz
Die Schießbude von Schießbuden-Franz
Da kam man gar nicht ran
Wer schießt hier!
  Wer trifft hier!
Wer ist ein Held und Mann!

3
O Tannebaum und Christ ist geborn
Da keilte der Panzersoldat sich nach vorn
Mit einem großen Schein
Hier, ich! – schrie er
  Ich kauf! – schrie er
Ich kauf alle Bleikugeln ein!

4
Der Schießbuden-Franz erstaunte sehr
Gab alle seine Bleikugeln her
Für dem Soldat sein Geld
Na bitte sehr
  mein Herr, sprach er
Wenn's Ihnen so gefällt

5
Dann schmiß der gute Panzersoldat
Die ganze blöde Bleikugelsaat
Den Tannen ins Geäst
Da nehmt – sprach er
  den Dreck – sprach er
Da nehmt das Blei und freßt!

6

Da kam ein junges Mädchen gerannt
Gab ihm Papierblumen in die Hand
Und küßte ihn ganz offen
Du hast – sprach sie
  du hast – sprach sie
Du hast am besten getroffen

Gottfried Keller

Frühlingsglaube

Es wandert eine schöne Sage
wie Veilchenduft auf Erden um,
wie sehnend eine Liebesklage
geht sie bei Tag und Nacht herum.

Das ist das Lied vom Völkerfrieden
und von der Menschheit letztem Glück,
von goldner Zeit, die einst hienieden,
der Traum als Wahrheit, kehrt zurück.

Wo einig alle Völker beten
zum einen König, Gott und Hirt;
von jenem Tag, wo den Propheten
ihr leuchtend Recht gesprochen wird.

Dann wird's nur eine Schmach noch geben.
nur eine Sünde in der Welt:
Des Eigen-Neides Widerstreben,
der es für Traum und Wahnsinn hält.

Wer jene Hoffnung gab verloren
und böslich sie verloren gab,
der wäre besser ungeboren:
Denn lebend wohnt er schon im Grab.

Erich Fried

Kalter Tag im März

Die Liebe höret nimmer auf
der Winter der fängt nie mehr an
Der Frühling kommt
das glaube ich
dann kommt der Sommer ohne Herbst

Es gibt kein Kranksein und auch kein
Verfallen in den nächsten Krieg
das glaube ich
das hoffe ich
Die Liebe hört
und hört uns zu

Sie hört uns zu
da hört sie auf
Der Frühling der fängt nimmer an
dann kommt der Herbst
dann kommt der Krieg
das fürchte ich
das fürchte ich

Peter Huchel

Psalm

Daß aus dem Samen des Menschen
Kein Mensch
Und aus dem Samen des Ölbaums
Kein Ölbaum
Werde,
Es ist zu messen
Mit der Elle des Todes.

Die da wohnen
Unter der Erde
In einer Kugel aus Zement,
Ihre Stärke gleicht
Dem Halm
Im peitschenden Schnee.

Die Öde wird Geschichte.
Termiten schreiben sie
Mit ihren Zangen
In den Sand.

Und nicht erforscht wird werden
Ein Geschlecht,
Eifrig bemüht,
Sich zu vernichten.

Erich Kästner

Fantasie von übermorgen

Und als der nächste Krieg begann,
da sagten die Frauen: Nein!
und schlossen Bruder, Sohn und Mann
fest in der Wohnung ein.

Dann zogen sie, in jedem Land,
wohl vor des Hauptmanns Haus
und hielten Stöcke in der Hand
und holten die Kerls heraus.

Sie legten jeden übers Knie,
der diesen Krieg befahl:
die Herren der Bank und Industrie,
den Minister und General.

Da brach so mancher Stock entzwei.
Und manches Großmaul schwieg.
In allen Ländern gab's Geschrei,
und nirgends gab es Krieg.

Die Frauen gingen dann wieder nach Haus,
zum Bruder und Sohn und Mann,
und sagten ihnen, der Krieg sei aus!
Die Männer starrten zum Fenster hinaus
und sahn die Frauen nicht an ...

Bertolt Brecht

An meine Landsleute

Ihr, die ihr überlebtet in gestorbenen Städten
Habt doch nun endlich mit euch selbst Erbarmen!
Zieht nun in neue Kriege nicht, ihr Armen
Als ob die alten nicht gelanget hätten:
Ich bitt euch, habet mit euch selbst Erbarmen!

Ihr Männer, greift zur Kelle, nicht zum Messer!
Ihr säßet unter Dächern schließlich jetzt
Hättet ihr auf das Messer nicht gesetzt
Und unter Dächern sitzt es sich doch besser.
Ich bitt euch, greift zur Kelle, nicht zum Messer!

Ihr Kinder, daß sie euch mit Krieg verschonen
Müßt ihr um Einsicht eure Eltern bitten.
Sagt laut, ihr wollt nicht in Ruinen wohnen
Und nicht das leiden, was sie selber litten:
Ihr Kinder, daß sie euch mit Krieg verschonen!

Ihr Mütter, da es euch anheimgegeben
Den Krieg zu dulden oder nicht zu dulden
Ich bitt euch, lasset eure Kinder leben!
Daß sie euch die Geburt und nicht den Tod dann schulden:
Ihr Mütter, lasset eure Kinder leben!

Wolfgang Weyrauch

Bitte meiner älteren Tochter

Lieber Gott, beschütze
meine Hafergrütze,
meinen Luftballon,
nimm mir nichts davon.

Nichts von meinem Bette.
Schütze die Babette,
meine kleine Schwester.
Schütz die Dohlennester.

Meine Mutter auch,
Vaters dicken Bauch,
unser ganzes Haus.
Sonst ist alles aus.

Schütz die Menschen alle
vor der Mausefalle,
die vom Himmel fällt.
Schütz die ganze Welt.

Du hast sie gemacht,
Sonne, Mond und Nacht,
Tiere, Gras und Wind,
mich, ein kleines Kind.

„Ihr, die ihr zwingt, doch nie bezwingt"

(Oskar Loerke)

Oskar Loerke

Ende der Gewalt

Wo ist dein Sieg, o Tod?

Ihr, die ihr zwingt, doch nie bezwingt:
Und wenn ihr noch so eifrig seid
Und fern von Mitleid oder Leid,
Ihr macht, wenn ihr die Kolben schwingt,
Für euch in Zeit und Ewigkeit
Aus meinem Blut kein Goldgeschmeid!

Bertolt Brecht

Das Lied von der Moldau

Am Grunde der Moldau wandern die Steine
Es liegen drei Kaiser begraben in Prag.
Das Große bleibt groß nicht und klein nicht das Kleine.
Die Nacht hat zwölf Stunden, dann kommt schon der Tag.

Es wechseln die Zeiten. Die riesigen Pläne
der Mächtigen kommen am Ende zum Halt.
Und gehn sie einher auch wie blutige Hähne
Es wechseln die Zeiten, da hilft kein Gewalt.

Am Grunde der Moldau wandern die Steine
Es liegen drei Kaiser begraben in Prag.
Das Große bleibt groß nicht und klein nicht das Kleine.
Die Nacht hat zwölf Stunden, dann kommt schon der Tag.

Christian Friedrich Daniel Schubart

Der Gefangene

Gefangner Mann, ein armer Mann!
  Durch's schwarze Eisengitter
Starr' ich den fernen Himmel an,
  Und wein' und seufze bitter.

Die Sonne, sonst so hell und rund,
  Schaut trüb auf mich herunter;
Und kömmt die braune Abendstund',
  So geht sie blutig unter.

Mir ist der Mond so gelb, so bleich,
  Er wallt im Witwenschleier;
Die Sterne mir – sind Fackeln gleich
  Bei einer Totenfeier.

Mag sehen nicht die Blümlein blühn,
  Nicht fühlen Lenzeswehen;
Ach! lieber säh' ich Rosmarin
  Im Duft der Gräber stehen.

Vergebens wiegt der Abendhauch
  Für mich die goldnen Ähren;
Möcht' nur in meinem Felsenbauch
  Die Stürme brausen hören.

Was hilft mir Tau und Sonnenschein
  Im Busen einer Rose?
Denn nichts ist mein, ach! nichts ist mein,
  Im Muttererdenschoße.

Kann nimmer an der Gattin Brust,
  Nicht an der Kinder Wangen,
Mit Gattenwonne, Vaterlust
  In Himmelstränen hangen.

Gefangner Mann, ein armer Mann!
  Fern von den Lieben allen,
Muß ich des Lebens Dornenbahn
  In Schauernächten wallen.

Es gähnt mich an die Einsamkeit.
  Ich wälze mich auf Nesseln;
Und selbst mein Beten wird entweiht
  Vom Klirren meiner Fesseln.

Mich drängt der hohen Freiheit Ruf;
  Ich fühl's, daß Gott nur Sklaven
Und Teufel für die Ketten schuf,
  Um sie damit zu strafen.

Was hab' ich, Brüder! euch getan?
  Kommt doch, und seht mich Armen!
Gefangner Mann! ein armer Mann!
  Ach! habt mit mir Erbarmen!

Ernst Moritz Arndt

Klage um den kleinen Jakob

Wo ist der kleine Jakob geblieben?
Hatte die Kühe waldein getrieben,
Kam nimmer wieder,
Schwestern und Brüder
Gingen ihn suchen in'n Wald hinaus –
Kleiner Jakob, kleiner Jakob, komm zu Haus!

Wo ist der kleine Jakob gegangen?
Es hat ihn ein Unterirdscher gefangen,
Muß unten wohnen,
Trägt goldne Kronen,
Gläserne Schuh, hat ein gläsern Haus.
Kleiner Jakob, kleiner Jakob, komm zu Haus!

Was macht der kleine Jakob da unten?
Streuet als Diener das Estrich mit bunten
Blumen und schenket
Wein ein und denket:
Wärest du wieder zum Wald hinaus!
Kleiner Jakob, kleiner Jakob, komm zu Haus!

So muß der kleine Jakob dort wohnen,
Helfen ihm nichts seine güldenen Kronen,
Schuhe und Kleider,
Weinet sich leider –
Ach! armer Jakob! – die Äuglein aus.
Kleiner Jakob, kleiner Jakob, komm zu Haus!

Walter Mehring

Die Sage vom großen Krebs

Es geht um – es geht um eine böse Mär
Vom Krebs im Mohriner See ...
Ihn ketten zwei Jahrtausende schwer –
Und wär er frei
Ging alles rückwärts und verquer
rückwärts und verquer.
Läutet die Glocken bim bam bom

Hosiannah!
Gott geb's,
Daß nimmermehr loskomm
Der Große Krebs!

Denn kröche der Krebs aus dem Morast,
Marschierte ein ganzes Heer
Das würgt und mordet, hetzt und haßt
Ihm hinterher.
Im Krebsgang rückwärts und verquer
rückwärts und verquer ...
Marschierte das ganze Rückwärtser-Heer.

Hosiannah!
Gott geb's,
Daß loskomm nimmermehr
Der Große Krebs!

Dann kreiste zurück die Jahrhundertuhr
Zur ewigen Mitternacht ...
Und wenn die berauschte Kreatur
Vom Traum erwacht,
Geht alles rückwärts und verquer
rückwärts und verquer
Zu Hexenbränden und Judenpogrom ...

Hosiannah!
Gott geb's
Daß nimmermehr loskomm
Der Große Krebs!

Wohin er kröche, folgt seiner Spur
Die Pest vom Mohriner See
Und es regierte die Krebs-Diktatur
Und kommandiert:
Das Ganze rückwärts und verquer
rückwärts und verquer!
Nieder mit Euch! Kadaverfromm!

Hosiannah!
Gott geb's
Daß nimmermehr loskomm
Der Große Krebs!

Ach, hör mich, Volk – welch Du hier lebst
Und zwischen Berg und See
Um täglich Brot und Freiheit krebst:
Laß ihn nicht frei –
sonst geht es rückwärts und verquer
Rückwärts und verquer.
Wir alle, alle hinterher.
Und Euer Wille geb's
Daß loskomm nimmermehr
nimmermehr
Der Große Krebs
Der Große Krebs!

Theodor Kramer

Wer läutet draußen an der Tür?

Wer läutet draußen an der Tür,
kaum daß es sich erhellt?
Ich geh schon, Schatz. Der Bub hat nur
die Semmeln hingestellt.

Wer läutet draußen an der Tür?
Bleib nur; geh, mein Kind.
Es war ein Mann, der fragte an
beim Nachbar, wer wir sind.

Wer läutet draußen an der Tür?
Laß ruhig die Wanne voll.
Die Post war da; der Brief ist nicht
dabei, der kommen soll.

Wer läutet draußen an der Tür?
Leg du die Betten aus.
Der Hausbesorger war's; wir solln
am Ersten aus dem Haus.

Wer läutet draußen an der Tür?
Die Fuchsien blühn so nah.
Pack, Liebste, mir mein Waschzeug ein
und wein nicht: sie sind da.

Paul Celan

Espenbaum

Espenbaum, dein Laub blickt weiß ins Dunkel.
Meiner Mutter Haar ward nimmer weiß.

Löwenzahn, so grün ist die Ukraine.
Meine blonde Mutter kam nicht heim.

Regenwolke, säumst du an den Brunnen?
Meine leise Mutter weint für alle.

Runder Stern, du schlingst die goldene Schleife.
Meiner Mutter Herz ward wund von Blei.

Eichne Tür, wer hob dich aus den Angeln?
Meine sanfte Mutter kann nicht kommen.

Johannes R. Becher

Deutschland, meine Trauer

Heimat, meine Trauer,
Land im Dämmerschein –
Himmel, du mein blauer,
du, mein Fröhlichsein.

Einmal wird es heißen:
Als ich war verbannt,
hab ich, dich zu preisen,
dir ein Lied gesandt.

War, um dich zu einen,
dir ein Lied geweiht,
und mit dir zu weinen
in der Dunkelheit ...

Himmel schien, ein blauer,
Friede kehrte ein –
Deutschland, meine Trauer,
du, mein Fröhlichsein.

Günter Kunert

Der ungebetene Gast

1 Stellt noch einen Stuhl an den Tisch.

2 Es ist ein Gast gekommen
(Aus der Gegend um Warschau dort)
Und hat am Tisch Platz genommen
Und sagte kein einziges Wort.

3 Füllet ihm ein Glas.

4 Die Füße mit Lappen umwunden,
Und die Augen haben gefehlt.
An der Kehle klaffende Wunden
Haben stumm seine Geschichte erzählt.

5 Was steht dem Gast zu Diensten?

6 Er schwieg gleich der dunklen Tiefe
Im allertiefsten Meer.
Dann hob er den Kopf, als riefe
Seinen Namen irgendwer.

7 Öffnet ihm die Tür.

8 So ist der Gast gegangen
Sacht wie ein Licht verlischt.
Sich doch zum Essen zwangen,
Denen man aufgetischt.

9 Wohl bekomm es.

10 Da schmeckten nach Asche die Bissen,
Und die Esser senkten den Blick;
Voreinander ihre Gewissen
Verbargen sie ohne Geschick.

11 So rückt doch den Stuhl wieder fort.

Rainer Kirsch

Ausflug machen

Na, wohin gehts?

In den Eichenwald, in den Eichenwald
Der graue Kuckuck ruft dort bald.

Wünsch eine gute Fahrt!

Na, wohin gehts?

In den Fichtenwald, in den Fichtenwald
Wo Goldhahns und Kreuzschnabels Stimmlein schallt.

Wünsch eine gute Fahrt!

Na, wohin gehts?

In den Buchenwald, in den Buchenwald
Dort pfeift der warme Wind so kalt
Dort schmeckt die Luft so seltsam süß
Dort riechts so stark nach Paradies

Dort ist der schwarze Rauch zu sehn
Dort pfeift der Wind, der Rauch bleibt stehn
Dort weht der Wind schon siebzehn Jahr
Dort schreit der Rauch wohl immerdar.

Wünsch eine gute Fahrt!

Erich Fried

Maßnahmen

Die Faulen werden geschlachtet
die Welt wird fleißig

Die Häßlichen werden geschlachtet
die Welt wird schön

Die Narren werden geschlachtet
die Welt wird weise

Die Kranken werden geschlachtet
die Welt wird gesund

Die Traurigen werden geschlachtet
die Welt wird lustig

Die Alten werden geschlachtet
die Welt wird jung

Die Feinde werden geschlachtet
die Welt wird freundlich

Die Bösen werden geschlachtet
die Welt wird gut

Günter Kunert

Vom klugen Kia King

1 Als die Unzufriedenheit anfing
In allen Provinzen des chinesischen Reiches
Zu gären,
Erließ der Herrscher eine Botschaft
An die Verzweifelten:

2 Darin erklärt ward, daß
Der einzige und wahrhaftige Sohn des Himmels
Seinen irdischen Kindern
Eine ungeheure und nirgendwosonstgekannte
Freiheit gäbe,
Und zwar, mit jeder Bitte oder Beschwerde sich
Ohne Umwege an ihn zu wenden.
Wer nur den Hauch eines Unrechts spüre, solle
Sogleich an ihn schreiben. Betrogene Witwen
Und Waisen, geprellte Bauern und erpreßte
Handwerker, verprügelte Soldaten und Mädchen,
Denen Gewalt wer getan.

3 Mit vergoldeten Schlitzen für die Briefe
Wurden rings um den Palast
Alsdann Lackkästen aufgestellt, die
Niemals ein Blättchen enthielten und
Solchermaßen sichtbar kündeten
Von der Zufriedenheit der Untertanen.

4 Wer
Dachte bei dieser Großzügigkeit
Schon daran, daß im ganzen Reiche
Außer dem Kaiser und seinen Beamten
Überhaupt kein Mensch kundig war
Des Schreibens.

Hans Magnus Enzensberger

verteidigung der wölfe gegen die lämmer

soll der geier vergißmeinnicht fressen?
was verlangt ihr vom schakal,
daß er sich häute, vom wolf? soll
er sich selber ziehen die zähne?
was gefällt euch nicht
an politruks und an päpsten,
was guckt ihr blöd aus der wäsche
auf den verlogenen bildschirm?

wer näht denn dem general
den blutstreif an seine hose? wer
zerlegt vor dem wucherer den kapaun?
wer hängt sich stolz das blechkreuz
vor den knurrenden nabel? wer
nimmt das trinkgeld, den silberling,
den schweigepfennig? es gibt
viel bestohlene, wenig diebe; wer
steckt die abzeichen an, wer
lechzt nach der lüge?

seht in den spiegel: feig,
scheuend die mühsal der wahrheit,
dem lernen abgeneigt, das denken
überantwortend den wölfen,
der nasenring euer teuerster schmuck,
keine täuschung zu dumm, kein trost
zu billig, jede erpressung
ist für euch noch zu milde.

ihr lämmer, schwestern sind,
mit euch verglichen, die krähen:
ihr blendet einer den andern.
brüderlichkeit herrscht
unter den wölfen:
sie gehn in rudeln.

gelobt sein die räuber: ihr,
einladend zur vergewaltigung,
werft euch aufs faule bett
des gehorsams. winselnd noch
lügt ihr. zerrissen
wollt ihr werden. ihr
ändert die welt nicht.

Wolf Biermann

Die Ballade von dem Briefträger William L. Moore aus Baltimore,

der im Jahre 63 allein in die Südstaaten wanderte
Er protestierte gegen die Verfolgung der Neger.
Er wurde erschossen nach einer Woche.
Drei Kugeln trafen ihn in die Stirn.

SONNTAG
Sonntag, da ruhte William L. Moore
von seiner Arbeit aus.
Er war ein armer Briefträger nur,
in Baltimore stand sein Haus.

MONTAG

Montag, ein Tag in Baltimore,
sprach er zu seiner Frau:
„Ich will nicht länger Briefträger sein,
ich geh nach Süden auf Tour – (that's sure)"
BLACK AND WHITE, UNITE! UNITE!
schrieb er auf ein Schild.
White and black – die Schranken weg!
Und er ging ganz allein.

DIENSTAG

Dienstag, ein Tag im Eisenbahnzug,
fragte William L. Moore
manch einer nach dem Schild, das er trug,
und wünscht ihm Glück für die Tour.
BLACK AND WHITE, UNITE! UNITE!
stand auf seinem Schild ...

MITTWOCH

Mittwoch, in Alabama ein Tag,
ging er auf die Chaussee,
weit war der Weg nach Birmingham,
taten die Füße ihm weh.
BLACK AND WHITE, UNITE! UNITE!

DONNERSTAG

Donnerstag hielt der Sheriff ihn an,
sagte „Du bist doch weiß!"
Sagte „Was gehn die Nigger dich an?
Junge, bedenke den Preis!"
BLACK AND WHITE, UNITE! UNITE!

FREITAG

Freitag lief ihm ein Hund hinterher,
wurde sein guter Freund.
Abends schon trafen Steine sie schwer –
sie gingen weiter zu zweit.
BLACK AND WHITE, UNITE! UNITE!

SONNA'MT

Sonna'mt, ein Tag, war furchtbar heiß,
kam eine weiße Frau,
gab ihm ein'n Drink, und heimlich sprach sie:
„Ich denk wie sie ganz genau."
  BLACK AND WHITE, UNITE! UNITE!

LAST DAY

Sonntag, ein blauer Sommertag,
lag er im grünen Gras –
blühten drei rote Nelken blutrot
auf seiner Stirne, so blaß.
  BLACK AND WHITE, UNITE! UNITE!
  steht auf seinem Schild.
  White and black – die Schranken weg!
  Und er starb ganz allein.
  Und er bleibt nicht allein.

Christoph Meckel

Ballade vom Lauf der Welt

Rief der Page: Danke mir reichts, Dero Spucknapf zu leeren –
Rief der Clown: Wenns weiter nichts ist! Halt du mal so'n
[König bei Laune!
Rief der König: Befehl ist Befehl, da gibts nichts zu rütteln –
Rief Papagei: Ich versteh nicht, ihr macht soviel Lärm hier –

Schrie der Clown: Ich geh stempeln, das Ganze ist witzlos –
Schrie der König: Das gibts nicht, du bist hier der Clown, damit
Tobte Papagei: So sagt doch, wovon ist die Rede – [basta –
Schrie der Page: Halts Maul, sprich wenn du gefragt wirst –

Tobte Papagei: So sagt doch, wovon ist die Rede –
Tobte der König: Ich bin der Herr hier zum Teufel, ich warn
Tobte der Clown: Hört hört, das wär ja noch schöner – [euch –
Tobte der Page: Und sowas ist König, ich bitt euch –

Drauf der König: Ich bin euch immer ein Vater gewesen –
Drauf der Page: Das stimmt, er hat uns geschunden, der Alte –
Drauf der Clown : Ich hab's satt, Dero Rotznas zu kitzeln –
Drauf Papagei: Ich versteh nicht, ihr macht einen Lärm heut!

Und der Page: Mir reichts, schuld hat der da, er äfft uns –
Und der Clown: Ich sags ja, er macht uns konfus, dieses Mistvieh –
Und der König: So haut ihm den Kopf ab – und gehn wir dann
[essen –

Schrie Papagei: Was habt ihr, ihr schweigt ja so plötzlich!

Reiner Kunze

Die Bringer Beethovens

(für Ludvík Kundera)

Sie zogen aus, Beethoven zu bringen
jedermann
Und da sie auch eine schallplatte hatten
spielten sie zur rascheren einsicht
die sinfonie nr. 5 c-moll opus 67

Der mensch M. aber sagte,
es sei ihm zu laut, das
mache sein alter

Über nacht setzten die bringer Beethovens
maste an straßen und plätze
spannten drähte befestigten
lautsprecher und mit dem morgen
ertönte zur bessren gewöhnung
die sinfonie nr. 5 c-moll opus 67,
laut genug daß sie gehört ward
auch in der ferne

Der Mensch M. aber sagte, ihn schmerze der kopf,
ging heim gegen mittag schloß
türen und fenster und lobte
die dicke der mauern

Herausgefordert, knüpften die bringer Beethovens
draht an die mauern und hingen
lautsprecher an die fenster daß
durch die scheiben drang
die sinfonie nr. 5 c-moll opus 67

Der mensch M. aber ging aus dem haus und zeigte an
die bringer Beethovens;
doch jeder fragte ihn, was er habe
gegen Beethoven

Angegriffen, klopften die bringer Beethovens
am tore des menschen M., stellten als er es auftat
hinter die schwelle den fuß; die sauberkeit lobend
traten sie ein
Zufällig kam auch die rede
auf Beethoven
und zur belebung des themas hatten sie
zufällig bei sich
die sinfonie nr. 5 c-moll opus 67

Der mensch M. aber schlug mit der eisernen schöpfkelle
ein auf die bringer Beethovens
Er wurde verhaftet zur zeit

Mörderisch nannten die tat des M.
anwalt und richter der bringer Beethovens
Doch hoffnung sei immer
Er wurde verurteilt
zur sinfonie nr. 5 c-moll opus 67
von Ludwig van Beethoven

Da trommelte M. und schrie
bis stille war

Er war schon zu alt, sagten die bringer Beethovens
Am sarge des M. aber, sagten sie,
stehn seine kinder

Und die kinder verfügten
daß gespielt werde
am sarge des menschen M.
die sinfonie nr. 5 c-moll opus 67

Horst Bienek

Sehr fern

Was geschah
geschah sehr fern
        einige von uns haben
        die Schüsse gehört

Die Urteile sind vollstreckt

        Auch wir standen auf der Liste
        Sie sagen: wir leben noch

„Und suche es in meinem Sinn; Und sehne mich darnach“

(Matthias Claudius)

Matthias Claudius

Die Sternseherin Lise

Ich sehe oft um Mitternacht,
  Wenn ich mein Werk getan
Und niemand mehr im Hause wacht,
  Die Stern' am Himmel an.

Sie gehn da, hin und her zerstreut
  Als Lämmer auf der Flur;
In Rudeln auch und aufgereiht
  Wie Perlen an der Schnur;

Und funkeln alle weit und breit,
  Und funkeln rein und schön;
Ich seh' die große Herrlichkeit
  Und kann mich satt nicht sehn ...

Dann saget unterm Himmelszelt
  Mein Herz mir in der Brust:
„Es gibt 'was Bessers in der Welt
  Als all ihr Schmerz und Lust.“

Ich werf' mich auf mein Lager hin
  Und liege lange wach
Und suche es in meinem Sinn;
  Und sehne mich darnach.

Joseph von Eichendorff

Mondnacht

Es war, als hätt der Himmel
Die Erde still geküßt,
Daß sie im Blütenschimmer
Von ihm nun träumen müßt.

Die Luft ging durch die Felder,
Die Ähren wogten sacht,
Es rauschten leis die Wälder,
So sternklar war die Nacht.

Und meine Seele spannte
Weit ihre Flügel aus,
Flog durch die stillen Lande,
Als flöge sie nach Haus.

Joseph von Eichendorff

Sehnsucht

Es schienen so golden die Sterne,
Am Fenster ich einsam stand
Und hörte aus weiter Ferne
Ein Posthorn im stillen Land.
Das Herz mir im Leib entbrennte;
Da hab ich mir heimlich gedacht:
Ach, wer da mitreisen könnte
In der prächtigen Sommernacht!

Zwei junge Gesellen gingen
Vorüber am Bergeshang,
Ich hörte im Wandern sie singen
Die stille Gegend entlang:
Von schwindelnden Felsenschlüften,
Wo die Wälder rauschen so sacht,
Von Quellen, die von den Klüften
Sich stürzen in die Waldesnacht.

Sie sangen von Marmorbildern,
Von Gärten, die überm Gestein
In dämmernden Lauben verwildern,
Palästen im Mondenschein,
Wo die Mädchen am Fenster lauschen,
Wann der Lauten Klang erwacht
Und die Brunnen verschlafen rauschen
In der prächtigen Sommernacht.

Friedrich Hölderlin

Der Main

Wohl manches Land der lebenden Erde möcht'
Ich sehn, und öfters über die Berg' enteilt
Das Herz mir, und die Wünsche wandern
Über das Meer, zu den Ufern, die mir

Vor andern, so ich kenne, gepriesen sind;
Doch lieb ist in der Ferne nicht Eines mir,
Wie jenes, wo die Göttersöhne
Schlafen, das trauernde Land der Griechen.

Ach! einmal dort an Suniums Küste möcht'
Ich landen, deine Säulen, Olympion!
Erfragen, dort, noch eh der Nordsturm
Hin in den Schutt der Athenertempel

Und ihrer Götterbilder auch dich begräbt;
Denn lang schon einsam stehst du, o Stolz der Welt,
Die nicht mehr ist! – und o ihr schönen
Inseln Ioniens, wo die Lüfte

Vom Meere kühl an warme Gestade wehn,
Wenn unter kräft'ger Sonne die Traube reift,
Ach! wo ein goldner Herbst dem armen
Volk in Gesänge die Seufzer wandelt,

Wenn die Betrübten jetzt ihr Limonenwald
Und ihr Granatbaum, purpurner Äpfel voll
Und süßer Wein und Pauk' und Zither
Zum labyrinthischen Tanze ladet –

Zu euch vielleicht, ihr Inseln! gerät noch einst
  Ein heimatloser Sänger; denn wandern muß
    Von Fremden er zu Fremden, und die
      Erde, die freie, sie muß ja, leider!

Statt *Vaterlands* ihm dienen, so lang er lebt,
  Und wenn er stirbt – doch nimmer vergeß ich dich,
    So fern ich wandre, schöner Main! und
      Deine Gestade, die vielbeglückten.

Gastfreundlich nahmst du Stolzer! bei dir mich auf
  Und heitertest das Auge dem Fremdlinge,
    Und still hingleitende Gesänge
      Lehrtest du mich und geräuschlos Leben.

O ruhig mit den Sternen, du Glücklicher!
  Wallst du von deinem Morgen zum Abend fort,
    Dem Bruder zu, dem Rhein; und dann mit
      Ihm in den Ozean freudig nieder!

Friedrich Hölderlin

Ringsum ruhet die Stadt; still wird die erleuchtete Gasse,
Und, mit Fackeln geschmückt, rauschen die Wagen hinweg.
Satt gehn heim von Freuden des Tags zu ruhen die Menschen,
Und Gewinn und Verlust wäget ein sinniges Haupt
Wohlzufrieden zu Haus; leer steht von Trauben und Blumen,
Und von Werken der Hand ruht der geschäftige Markt.
Aber das Saitenspiel tönt fern aus Gärten; vielleicht, daß
Dort ein Liebender spielt oder ein einsamer Mann
Ferner Freunde gedenkt und der Jugendzeit; und die Brunnen
Immerquillend und frisch rauschen an duftendem Beet.
Still in dämmriger Luft ertönen geläutete Glocken,
Und der Stunden gedenk rufet ein Wächter die Zahl.
Jetzt auch kommet ein Wehn und regt die Gipfel des Hains auf,
Sieh! und das Schattenbild unserer Erde, der Mond
Kommet geheim nun auch; die Schwärmerische, die Nacht kommt,
Voll mit Sternen und wohl wenig bekümmert um uns,
Glänzt die Erstaunende dort, die Fremdlingin unter den Menschen
Über Gebirgeshöhn traurig und prächtig herauf.

Clemens Brentano

Hörst du wie die Brunnen rauschen?

Hörst du, wie die Brunnen rauschen?
Hörst du, wie die Grille zirpt?
Stille, stille, laß uns lauschen,
selig, wer in Träumen stirbt!
Selig, wen die Wolken wiegen,
wenn der Mond ein Schlaflied singt!

O wie selig kann der fliegen,
dem der Traum die Flügel schwingt,
daß an blauer Himmelsdecke
Sterne er wie Blumen pflückt:
schlafe, träume, flieg – ich wecke
bald dich auf und bin beglückt!

Ilse Aichinger

Gebirgsrand

Denn was täte ich,
wenn die Jäger nicht wären, meine Träume,
die am Morgen
auf der Rückseite der Gebirge
niedersteigen, im Schatten.

Joachim Ringelnatz

Meine alte Schiffsuhr

In meinem Zimmer hängt eine runde,
Alte, achteckige Segelschiffsuhr.
Sie schlägt weder Glasen noch Stunde.
Sie schlägt, wie sie will, und auch nur,

Wann sie will. Die Uhrmacher gaben
Sie alle ratlos mir zurück;
Sie wollten mit solchem Teufelsstück
Gar nichts zu tun haben.

Und gehe sie, wie sie wolle,
Ich freue mich, weil sie noch lebt.
Nur schade, daß nie eine tolle
Dünung sie senkt oder hebt

Oder schüttert. Nein, sie hängt sicher
Geborgen. Doch in ihr kreist
Ein ruhelos wunderlicher
Freibeuter-Klabautergeist.

Nachts, wenn ich still vor ihr hocke,
Dann höre ich mehr als Ticktack.
Dann klingt was wie Nebelglocke
Und ferner Hundswachenschnack.

Und manche Zeit versäume
Ich vor der spukenden, unkenden Uhr,
Indem ich davon träume,
Wie ich mit ihr nach Westindien fuhr.

Hans Arp

Für Spaziergänger

Für Spaziergänger,
die sich gelegentlich einmal
bei einem Nachtspaziergang
vor ihm verbeugen,
hat der Mond nicht viel übrig.
Den Mondträumern aber
gibt er sich ganz hin.
Für sie überbietet er sich
an Süße und Silber.
Mit Mondträumern ist der Mond
immer bereit
zu spielen und zu spaßen.
Mit ihnen hext er auch gern,
läßt Monumente niesen,
was steinern ist fließen,
heizt mit Schneemännern ein.

Günter Bruno Fuchs

Brief des Vaters an den klugen Briefkasten

Eigentlich sollte mein Sohn
  Kälte-Ingenieur werden, aber da kamen dann
die Spaziergänge mit den Papierblumen
  dazwischen. (Er war als Zwanzigjähriger
in ein Kinderfest geraten.)

Jeden Abend versuche ich nun, seinen Firelefanz
  madig zu machen. Ich lache ihn aus, biete ihm
Maulschellen an, hol ihn ans Fenster, sage zu ihm: Steh
  nicht so da! Gefällt dir unsere Autobahn
oder gefällt sie dir nicht?

Vergangene Woche sprang er aufs Fensterbrett, flog
  siebzehn Runden hin und über Wilmersdorf
und verschwand in der Nacht.

Morgens (beim Frühstück) wieder unbegreifliches
  Zeug: er habe Herrn von Lilienthal interviewt,
dem ja die Vögel das Fliegen verdanken
  und die letzten fünfzig Jahre
so manchen Gruß aus der Luft.

(Was meint er damit? Und woher
  die Fähigkeit zu fliegen? Bitte
antworten Sie mir. Ich bin es gewohnt, mich abzufinden
  mit Tatsachen.)

Bertolt Brecht

Der Schneider von Ulm

(Ulm 1592)

Bischof, ich kann fliegen
Sagte der Schneider zum Bischof.
Paß auf, wie ich's mach!
Und er stieg mit so 'nen Dingen,
Die aussahn wie Schwingen
Auf das große, große Kirchendach.

Der Bischof ging weiter.
Das sind lauter so Lügen
Der Mensch ist kein Vogel
Es wird nie ein Mensch fliegen
Sagte der Bischof vom Schneider.

Der Schneider ist verschieden
Sagten die Leute dem Bischof.
Es war eine Hatz.
Seine Flügel sind zerspellet
Und er liegt zerschellet
Auf dem harten, harten Kirchenplatz.

Die Glocken sollen läuten
Es waren nichts als Lügen
Der Mensch ist kein Vogel
Es wird nie ein Mensch fliegen
Sagte der Bischof den Leuten.

Peter Hacks

Der Vogel Turlipan

An der Schul zu Salamanca,
Da lehrte ein Dekan,
Der suchte wie ein Kranker
Den Vogel Turlipan,
Den bunten Vogel Turlipan.

Die anderen Professoren
Verzogen das Gesicht:
Der Vogel ward nie geboren,
Den Vogel gibt es nicht,
Den bunten Vogel Turlipan.

Er sprach: Ich muß ihn finden,
Und reiste weit landein.
Da fand er hinter den Winden
Einen Berg aus Edelstein.
Doch nicht den Vogel Turlipan.

Da stieg er gleich zu Schiffe,
Fuhr über die sieben Meer.
Die Zimt- und Pfefferriffe
Entdeckte er.
Doch nicht den Vogel Turlipan.

Und steht er nicht auf dem Lande,
Und schwimmt er nicht im Meer,
So fliegt er im Federgewande
Wohl in der Luft umher,
Der bunte Vogel Turlipan.

Da hat er das Luftschiff erfunden,
Das noch nicht erfunden war,
Und fuhr den Himmel erkunden
Vergeblich zehen Jahr.
Fand keinen Vogel Turlipan.

Sprachen die Professoren:
Sein Leben ist vertan.
Es wissen selbst die Toren,
Es gibt keinen Turlipan.
Es gibt wirklich keinen Turlipan.

Georg Heym

Columbus

(12. Oktober 1492)

Nicht mehr die Salzluft, nicht die öden Meere,
Drauf Winde stürmen hin mit schwarzem Schall
Nicht mehr der großen Horizonte Leere,
Draus langsam kroch des runden Mondes Ball.

Schon fliegen große Vögel auf den Wassern,
Mit wunderbarem Fittich blau beschwingt.
Und weiße Riesenschwäne mit dem blassern
Gefieder sanft, das süß wie Harfen klingt.

Schon tauchen andre Sterne auf in Chören,
Die stumm wie Fische an dem Himmel ziehn.
Die müden Schiffer schlafen, die betören
Die Winde, schwer von brennendem Jasmin.

Am Bugspriet vorne träumt der Genueser
In Nacht hinaus, wo ihm zu Füßen blähn
Im grünen Wasser Blumen, dünn wie Gläser,
Und tief im Grund die weißen Orchideen.

Im Nachtgewölk spiegeln große Städte,
Fern, weit, in goldnen Himmeln wolkenlos,
Und wie ein Traum versunkner Abendröte
Die goldnen Tempeldächer Mexikos.

Das Wolkenspiel versinkt im Meer. Doch ferne
Zittert ein Licht im Wasser weiß empor.
Ein kleines Feuer, zart gleich einem Sterne.
Dort schlummert noch in Frieden Salvador.

Rainer Maria Rilke

Das Karussell

Jardin du Luxembourg

Mit einem Dach und seinem Schatten dreht
sich eine kleine Weile der Bestand
von bunten Pferden, alle aus dem Land,
das lange zögert, eh es untergeht.
Zwar manche sind an Wagen angespannt,
doch alle haben Mut in ihren Mienen;
ein böser roter Löwe geht mit ihnen
und dann und wann ein weißer Elefant.

Sogar ein Hirsch ist da, ganz wie im Wald,
nur daß er einen Sattel trägt und drüber
ein kleines blaues Mädchen aufgeschnallt.
Und auf dem Löwen reitet weiß ein Junge
und hält sich mit der kleinen heißen Hand,
dieweil der Löwe Zähne zeigt und Zunge.

Und dann und wann ein weißer Elefant.

Und auf den Pferden kommen sie vorüber,
auch Mädchen, helle, diesem Pferdesprunge
fast schon entwachsen; mitten in dem Schwunge
schauen sie auf, irgendwohin, herüber –

Und dann und wann ein weißer Elefant.

Und das geht hin und eilt sich, daß es endet,
und kreist und dreht sich nur und hat kein Ziel.
Ein Rot, ein Grün, ein Grau vorbeigesendet,
ein kleines kaum begonnenes Profil –.
Und manchesmal ein Lächeln, hergewendet,
ein seliges, das blendet und verschwendet
an dieses atemlose blinde Spiel . . .

Richard Dehmel

Die Schaukel

Auf meiner Schaukel in die Höh,
Was kann es Schöneres geben!
So hoch, so weit: die ganze Chaussee
Und alle Häuser schweben.

Weit über die Gärten hoch, juchhee,
Ich lasse mich fliegen, fliegen;
Und alles sieht man, Wald und See,
Ganz anders stehn und liegen.

Hoch in die Höh! Wo ist mein Zeh?
Im Himmel! ich glaube, ich falle!
Das tut so tief, so süß dann weh,
Und die Bäume verbeugen sich alle.

Und immer wieder in die Höh,
Und der Himmel kommt immer näher;
Und immer süßer tut es weh –
Der Himmel wird immer höher.

Theodor Storm

In Bulemanns Haus

Es klippt auf den Gassen im Mondenschein;
Das ist die zierliche Kleine,
Die geht auf ihren Pantöffelein
Behend und mutterseelenallein
Durch die Gassen im Mondenscheine.

Sie geht in ein alt, verfallenes Haus;
Im Flur ist die Tafel gedecket,
Da tanzt vor dem Monde die Maus mit der Maus,
Da setzt sich das Kind mit den Mäusen zu Schmaus,
Die Tellerlein werden gelecket.

Und leer sind die Schüsseln; die Mäuslein im Nu
Verrascheln in Mauer und Holze;
Nun läßt es dem Mägdlein auch länger nicht Ruh,
Sie schüttelt ihr Kleidchen, sie schnürt sich die Schuh,
Dann tritt sie einher mit Stolze.

Es leuchtet ein Spiegel aus goldnem Gestell,
Da schaut sie hinein mit Lachen;
Gleich schaut auch heraus ein Mägdelein hell,
Das ist ihr einziger Spielgesell;
Nun woll'n sie sich lustig machen.

Sie nickt voll Huld, ihr gehört ja das Reich;
Da neigt sich das Spiegelkindlein,
Da neigt sich das Kind vor dem Spiegel zugleich,
Da neigen sich beide gar anmutreich,
Da lächeln die rosigen Mündlein.

Und wie sie lächeln, so hebt sich der Fuß,
Es rauschen die seidenen Röcklein,
Die Händchen werfen sich Kuß um Kuß,
Das Kind mit dem Kinde nun tanzen muß,
Es tanzen im Nacken die Löcklein.

Der Mond scheint voller und voller herein,
Auf dem Estrich gaukeln die Flimmer:
Im Takte schweben die Mägdelein,
Bald tauchen sie tief in die Schatten hinein,
Bald stehn sie in bläulichem Schimmer.

Nun sinken die Glieder, nun halten sie an
Und atmen aus Herzens Grunde;
Sie nahen sich schüchtern und beugen sich dann
Und knien voreinander und rühren sich an
Mit dem zarten, unschuldigen Munde.

Doch müde werden die beiden allein
Von all der heimlichen Wonne;
Sehnsüchtig flüstert das Mägdelein:
„Ich mag nicht mehr tanzen im Mondenschein,
Ach, käme doch endlich die Sonne!"

Sie klettert hinunter ein Trepplein schief
Und schleicht hinab in den Garten.
Die Sonne schlief, und die Grille schlief:
„Hier will ich sitzen im Grase tief,
Und der Sonne will ich warten."

Doch als nun morgens um Busch und Gestein
Verhuschet das Dämmergemunkel,
Da werden dem Kinde die Äugelein klein;
Sie tanzte zu lange beim Mondenschein,
Nun schläft sie bei Sonnengefunkel.

Nun liegt sie bei den Blumen dicht
Auf grünem, blitzendem Rasen:
Und es schauen ihr in das süße Gesicht
Die Nachtigall und das Sonnenlicht
Und die kleinen, neugierigen Hasen.

Heinrich Heine

Altes Kaminstück

Draußen ziehen weiße Flocken
Durch die Nacht, der Sturm ist laut;
Hier im Stübchen ist es trocken,
Warm und einsam, stillvertraut.

Sinnend sitz' ich auf dem Sessel,
An dem knisternden Kamin,
Kochend summt der Wasserkessel
Längst verklungne Melodien.

Und ein Kätzchen sitzt daneben,
Wärmt die Pfötchen an der Glut;
Und die Flammen schweben, weben,
Wundersam wird mir zumut.

Dämmernd kommt heraufgestiegen
Manche längst vergeßne Zeit,
Wie mit bunten Maskenzügen
Und verblichner Herrlichkeit.

Schöne Fraun, mit kluger Miene,
Winken süßgeheimnisvoll,
Und dazwischen Harlekine
Springen, lachen, lustigtoll.

Ferne grüßen Marmorgötter,
Traumhaft neben ihnen stehn
Märchenblumen, deren Blätter
In dem Mondenlichte wehn.

Wackelnd kommt herbeigeschwommen
Manches alte Zauberschloß
Hintendrein geritten kommen
Blanke Ritter, Knappentroß.

Und das alles zieht vorüber,
Schattenhastig übereilt –
Ach! da kocht der Kessel über,
Und das nasse Kätzchen heult.

Peter Huchel

Zunehmender Mond

Arm in meiner Kammer lebend
und ein Knecht, der bitter front,
manchmal aber, sichelschwebend,
wär ich gerne nachts der Mond.
  Schöne Sichel,
  kommst geflogen,
  Himmelsbrücke
  hell gebogen.

Strahlt der rissigblinde Spiegel,
wie wird meine Kammer weit!
Wolke steigt als Silberhügel,
glänzt am Dach die Sichel breit.
  Korn und Saaten,
  Teiche flimmern,
  Distelkronen
  eisig schimmern.

Rauschend regt sich der Holunder,
der die Zweige tauig hebt,
wenn er voll und immer runder
leuchtend in die Nächte schwebt.
  Blüte, willst du
  mich betäuben?
  Blust der Nacht, du
  wirst zerstäuben.

Gottfried Keller

Winternacht

Nicht ein Flügelschlag ging durch die Welt,
still und blendend lag der weiße Schnee.
Nicht ein Wölklein hing am Sternenzelt,
keine Welle schlug im starren See.

Aus der Tiefe stieg der Seebaum auf,
bis sein Wipfel in dem Eis gefror;
an den Ästen klomm die Nix herauf,
schaute durch das grüne Eis empor.

Auf dem dünnen Glase stand ich da,
das die schwarze Tiefe von mir schied;
dicht ich unter meinen Füßen sah
ihre weiße Schönheit Glied um Glied.

Mit ersticktem Jammer tastet sie
an der harten Decke her und hin,
ich vergaß das dunkle Antlitz nie,
immer, immer liegt es mir im Sinn!

Else Lasker-Schüler

Mein blaues Klavier

Ich habe zu Hause ein blaues Klavier
Und kenne doch keine Note.

Es steht im Dunkel der Kellertür,
Seitdem die Welt verrohte,

Es spielen Sternenhände vier
– Die Mondfrau sang im Boote –
Nun tanzen die Ratten im Geklirr.

Zerbrochen ist die Klaviatür ...
Ich beweine die blaue Tote.

Ach liebe Engel öffnet mir
– Ich aß vom bitteren Brote –
Mir lebend schon die Himmelstür –
Auch wider dem Verbote.

„Jeden Nachklang fühlt mein Herz froh- und trüber Zeit“

(Johann Wolfgang Goethe)

Paul Fleming

An sich

Sei dennoch unverzagt, gib dennoch unverloren,
Weich keinem Glücke nicht, steh höher als der Neid,
Vergnüge dich an dir und acht es für kein Leid,
Hat sich gleich wider dich Glück, Ort und Zeit verschworen.

Was dich betrübt und labt, halt alles für erkoren,
Nimm dein Verhängnis an, laß alles unbereut.
Tu, was getan muß sein, und eh man dir's gebeut.
Was du noch hoffen kannst, das wird noch stets geboren.

Was klagt, was lobt man doch? Sein Unglück und sein Glücke
Ist ihm ein jeder selbst. Schau alle Sachen an:
Dies alles ist in dir. Laß deinen eitlen Wahn,

Und eh du förder gehst, so geh in dich zurücke.
Wer sein selbst Meister ist und sich beherrschen kann,
Dem ist die weite Welt und alles untertan.

Johann Wolfgang Goethe

Feiger Gedanken
Bängliches Schwanken,
Weibisches Zagen,
Ängstliches Klagen
Wendet kein Elend,
Macht dich nicht frei.

Allen Gewalten
Zum Trutz sich erhalten,
Nimmer sich beugen,
Kräftig sich zeigen
Rufet die Arme der
Götter herbei.

Friedrich Schiller

Rätsel

Kennst du das Bild auf zartem Grunde,
Es gibt sich selber Licht und Glanz,
Ein andres ists zu jeder Stunde,
Und immer ist es frisch und ganz.
Im engsten Raum ists ausgeführet,
Der kleinste Rahmen faßt es ein,
Doch alle Größe, die sich rühret,
Kennst du durch dieses Bild allein.

Und kannst du den Kristall mir nennen,
Ihm gleicht an Wert kein Edelstein,
Er leuchtet ohne je zu brennen,
Das ganze Weltall saugt er ein,
Der Himmel selbst ist abgemalet
In seinem wundervollen Ring.
Und doch ist, was er von sich strahlet,
Oft schöner als was er empfing.

Dies zarte Bild, das in den kleinsten Rahmen
Gefaßt, das Unermeßliche uns zeigt,
Und der Kristall, in dem dies Bild sich malt,
Und der noch schönres von sich strahlt,
Es ist das *Aug,* in das die Welt sich drückt,
Dein Auge ists, wenn es mir Liebe blickt.

Gottfried Keller

Abendlied

Augen, meine lieben Fensterlein,
Gebt mir schon so lange holden Schein,
Lasset freundlich Bild um Bild herein:
Einmal werdet ihr verdunkelt sein!

Fallen einst die müden Lider zu,
Löscht ihr aus, dann hat die Seele Ruh;
Tastend streift sie ab die Wanderschuh,
Legt sich auch in ihre finstre Truh.

Noch zwei Fünklein sieht sie glimmend stehn,
Wie zwei Sternlein innerlich zu sehn,
Bis sie schwanken und dann auch vergehn,
Wie von eines Falters Flügelwehn.

Doch noch wandl ich auf dem Abendfeld,
Nur dem sinkenden Gestirn gesellt;
Trinkt, o Augen, was die Wimper hält,
Von dem goldnen Überfluß der Welt!

Matthias Claudius

Abendlied

Der Mond ist aufgegangen,
Die goldnen Sternlein prangen
  Am Himmel hell und klar;
Der Wald steht schwarz und schweiget,
Und aus den Wiesen steiget
  Der weiße Nebel wunderbar.

Wie ist die Welt so stille,
Und in der Dämmrung Hülle
  So traulich und so hold!
Als eine stille Kammer,
Wo ihr des Tages Jammer
  Verschlafen und vergessen sollt.

Seht ihr den Mond dort stehen? –
Er ist nur halb zu sehen,
   Und ist doch rund und schön!
So sind wohl manche Sachen,
Die wir getrost belachen,
   Weil unsre Augen sie nicht sehn.

Wir stolze Menschenkinder
Sind eitel arme Sünder
   Und wissen gar nicht viel;
Wir spinnen Luftgespinste
Und suchen viele Künste
   Und kommen weiter von dem Ziel.

Gott, laß uns dein Heil schauen,
Auf nichts Vergänglichs trauen,
   Nicht Eitelkeit uns freun!
Laß uns einfältig werden
Und vor dir hier auf Erden
   Wie Kinder fromm und fröhlich sein!

Wollst endlich sonder Grämen
Aus dieser Welt uns nehmen
   Durch einen sanften Tod!
Und, wenn du uns genommen,
Laß uns in Himmel kommen,
   Du unser Herr und unser Gott!

So legt euch denn, ihr Brüder,
In Gottes Namen nieder;
   Kalt ist der Abendhauch.
Verschon uns, Gott! mit Strafen,
Und laß uns ruhig schlafen!
   Und unsern kranken Nachbar auch!

Johann Wolfgang Goethe

An den Mond

Füllest wieder Busch und Tal
Still mit Nebelglanz,
Lösest endlich auch einmal
Meine Seele ganz;

Breitest über mein Gefild
Lindernd deinen Blick,
Wie des Freundes Auge mild
Über mein Geschick.

Jeden Nachklang fühlt mein Herz
Froh- und trüber Zeit,
Wandle zwischen Freud und Schmerz
In der Einsamkeit.

Fließe, fließe, lieber Fluß!
Nimmer werd ich froh,
So verrauschte Scherz und Kuß,
Und die Treue so.

Ich besaß es doch einmal,
Was so köstlich ist!
Daß man doch zu seiner Qual
Nimmer es vergißt!

Rausche, Fluß, das Tal entlang,
Ohne Rast und Ruh,
Rausche, flüstre meinem Sang
Melodien zu,

Wenn du in der Winternacht
Wütend überschwillst,
Oder um die Frühlingspracht
Junger Knospen quillst.

Selig, wer sich vor der Welt
Ohne Haß verschließt,
Einen Freund am Busen hält
Und mit dem genießt,

Was, von Menschen nicht gewußt
Oder nicht bedacht,
Durch das Labyrinth der Brust
Wandelt in der Nacht.

Christian Hofmann von Hofmannswaldau

Die Welt

Was ist die Welt und ihr berühmtes Glänzen?
Was ist die Welt und ihre ganze Pracht?
Ein schnöder Schein in kurzgefaßten Grenzen,
Ein schneller Blitz bei schwarzgewölkter Nacht,
Ein buntes Feld, da Kummerdisteln grünen,
Ein schön Spital, so voller Krankheit steckt,
Ein Sklavenhaus, da alle Menschen dienen,
Ein faules Grab, so Alabaster deckt.
Das ist der Grund, darauf wir Menschen bauen
Und was das Fleisch für einen Abgott hält.
Komm, Seele, komm und lerne weiter schauen,
Als sich erstreckt der Zirkel dieser Welt!
Streich ab von dir derselben kurzes Prangen,
Halt ihre Lust für eine schwere Last:
So wirst du leicht in diesen Port gelangen,
Da Ewigkeit und Schönheit sich umfaßt.

Hugo von Hofmannsthal

Was ist die Welt?

Was ist die Welt? Ein ewiges Gedicht,
Daraus der Geist der Gottheit strahlt und glüht,
Daraus der Wein der Weisheit schäumt und sprüht,
Daraus der Laut der Liebe zu uns spricht

Und jedes Menschen wechselndes Gemüt,
Ein Strahl ists, der aus dieser Sonne bricht,
Ein Vers, der sich an tausend andre flicht,
Der unbemerkt verhallt, verlischt, verblüht.

Und doch auch eine Welt für sich allein,
Voll süß-geheimer, nievernommner Töne,
Begabt mit eigner, unentweihter Schöne,

Und keines Andern Nachhall, Widerschein.
Und wenn du gar zu lesen drin verstündest,
Ein Buch, das du im Leben nicht ergründest.

Matthias Claudius

Der Mensch

Empfangen und genähret
vom Weibe wunderbar
kömmt er und sieht und höret
und nimmt des Trugs nicht wahr,
gelüstet und begehret
und bringt sein Tränlein dar,
verachtet und verehret,
hat Freude und Gefahr,
glaubt, zweifelt, wähnt und lehret,
hält nichts und alles wahr,
erbauet und zerstöret
und quält sich immerdar,
schläft, wachet, wächst und zehret,
trägt braun und graues Haar.
Und alles dieses währet,
wenn's hoch kommt, achtzig Jahr.
Denn legt er sich zu seinen Vätern nieder
und er kömmt nimmer wieder.

Peter Härtling

Ein andermal

Der Fisch im Stein,
ich möchte mit ihm
zurückfallen ins Meer.
Und die Zeit beginnen.
Nicht so, wie sie wurde,
und wie wir versteinerten.

Andreas Gryphius

Es ist alles eitel

Du siehst, wohin du siehst, nur Eitelkeit auf Erden.
Was dieser heute baut, reißt jener morgen ein;
Wo itzund Städte stehn, wird eine Wiese sein,
Auf der ein Schäferskind wird spielen mit den Herden.

Was itzund prächtig blüht, soll bald zertreten werden;
Was itzt so pocht und trotzt, ist morgen Asch und Bein;
Nichts ist, das ewig sei, kein Erz, kein Marmorstein.
Jetzt lacht das Glück uns an, bald donnern die Beschwerden.

Der hohen Taten Ruhm muß wie ein Traum vergehn.
Soll denn das Spiel der Zeit, der leichte Mensch, bestehn?
Ach, was ist alles dies, was wir für köstlich achten,

Als schlechte Nichtigkeit, als Schatten, Staub und Wind,
Als eine Wiesenblum, die man nicht wieder findt!
Noch will, was ewig ist, kein einig Mensch betrachten.

Kurt Tucholsky

Das Lächeln der Mona Lisa

Ich kann den Blick nicht von dir wenden.
Denn über deinem Mann vom Dienst
hängst du mit sanft verschränkten Händen
und grienst.

Du bist berühmt wie jener Turm von Pisa,
dein Lächeln gilt für Ironie.
Ja ... warum lacht die Mona Lisa?
Lacht sie über uns, wegen uns, trotz uns, mit uns, gegen uns –
oder wie –?

Du lehrst uns still, was zu geschehen hat.
Weil uns dein Bildnis, Lieschen, zeigt:
Wer viel von dieser Welt gesehn hat –
der lächelt, legt die Hände auf den Bauch und schweigt.

Kurt Tucholsky

Luftveränderung

Fahre mit der Eisenbahn,
fahre, Junge, fahre!
Auf dem Deck vom Wasserkahn
wehen deine Haare.

Tauch in fremde Städte ein,
lauf in fremden Gassen;
höre fremde Menschen schrein,
trink aus fremden Tassen.

Flieh Betrieb und Telefon,
grab in alten Schmökern,
sieh am Seinekai, mein Sohn,
Weisheit still verhökern.

Lauf in Afrika umher,
reite durch Oasen;
lausche auf ein blaues Meer,
hör den Mistral blasen!

Wie du auch die Welt durchflitzt
ohne Rast und Ruh –:
Hinten auf dem Puffer sitzt
du.

Gottfried Benn

Reisen

Meinen Sie Zürich zum Beispiel
sei eine tiefere Stadt,
wo man Wunder und Weihen
immer als Inhalt hat?

Meinen Sie, aus Habana,
weiß und hibiskusrot,
bräche ein ewiges Manna
für Ihre Wüstennot?

Bahnhofstraßen und Ruen,
Boulevards, Lidos, Laan –
selbst auf den Fifth Avenuen
fällt Sie die Leere an –

Ach, vergeblich das Fahren!
Spät erst erfahren Sie sich:
bleiben und stille bewahren
das sich umgrenzende Ich.

Friedrich Hölderlin

Hälfte des Lebens

Mit gelben Birnen hänget
Und voll mit wilden Rosen
Das Land in den See,
Ihr holden Schwäne,
Und trunken von Küssen
Tunkt ihr das Haupt
Ins heilignüchterne Wasser.

Weh mir, wo nehm' ich, wenn
Es Winter ist, die Blumen, und wo
Den Sonnenschein,
Und Schatten der Erde?
Die Mauern stehn
Sprachlos und kalt, im Winde
Klirren die Fahnen.

Conrad Ferdinand Meyer

Schwüle

Trüb verglomm der schwüle Sommertag,
Dumpf und traurig tönt mein Ruderschlag –
Sterne, Sterne – Abend ist es ja –
Sterne, warum seid ihr noch nicht da?

Bleich das Leben! Bleich der Felsenhang!
Schilf, was flüsterst du so frech und bang?
Fern der Himmel und die Tiefe nah –
Sterne, warum seid ihr noch nicht da?

Eine liebe, liebe Stimme ruft
Mich beständig aus der Wassergruft –
Weg, Gespenst, das oft ich winken sah!
Sterne, Sterne, seid ihr nicht mehr da?

Endlich, endlich durch das Dunkel bricht –
Es war Zeit! – ein schwaches Flimmerlicht –
Denn ich wußte nicht, wie mir geschah.
Sterne, Sterne, bleibt mir immer nah!

Werner Bergengruen

Leben eines Mannes

Gestern fuhr ich Fische fangen,
Heut bin ich zum Wein gegangen,
– Morgen bin ich tot –
Grüne, goldgeschuppte Fische,
Rote Pfützen auf dem Tische,
Rings um weißes Brot.

Gestern ist es Mai gewesen,
Heute wolln wir Verse lesen,
Morgen wolln wir Schweine stechen,
Würste machen, Äpfel brechen,
Pfundweis alle Bettler stopfen
Und auf pralle Bäuche klopfen,
– Morgen bin ich tot –
Rosen setzen, Ulmen pflanzen,
Schlittenfahren, fastnachtstanzen,
Netze flicken, Lauten rühren,
Häuser bauen, Kriege führen,
Frauen nehmen, Kinder zeugen,
Übermorgen Kniee beugen,
Übermorgen Knechte löhnen,
Übermorgen Gott versöhnen –
Morgen bin ich tot.

Eugen Gomringer

aus zufall

aus zufall
    einfall

aus einfall
    überfall

aus überfall
    unfall

aus unfall
    wegfall

aus wegfall
    abfall

aus zufall
    abfall

Walter Höllerer

Pfingstrosen in einer Gärtnerei

Volltrunken schweres Haupt und uferlos
Verschwendet in Karmin.
Prallsüßer Rausch um einen kleinen Stern.
Ein Käfer torkelt drin.

Die Kröte sitzt im Beet.
Das Licht in roten Bächen niederrinnt;
Die Augen glüht es blind;
Und hart vorbei die Radspur geht.

Eduard Mörike

Gebet

Herr! Schicke, was du willt,
Ein Liebes oder Leides;
Ich bin vergnügt, daß beides
Aus deinen Händen quillt.

Wollest mit Freuden
Und wollest mit Leiden
Mich nicht überschütten!
Doch in der Mitten
Liegt holdes Bescheiden.

Friedrich Schiller

Zwei Eimer sieht man ab und auf
In einem Brunnen steigen,
Und schwebt der eine voll herauf,
Muß sich der andre neigen.
Sie wandern rastlos hin und her,
Abwechselnd voll und wieder leer,
Und bringst du diesen an den Mund,
Hängt jener in dem tiefsten Grund,
Nie können sie mit ihren Gaben
Im gleichen Augenblick dich laben.

Friedrich Schiller

Hoffnung

Es reden und träumen die Menschen viel
  Von bessern künftigen Tagen,
Nach einem glücklichen goldenen Ziel
  Sieht man sie rennen und jagen.
Die Welt wird alt und wird wieder jung,
Doch der Mensch hofft immer Verbesserung!

Die Hoffnung führt ihn ins Leben ein,
Sie umflattert den fröhlichen Knaben,
Den Jüngling begeistert ihr Zauberschein,
Sie wird mit dem Greis nicht begraben,
Denn beschließt er im Grabe den müden Lauf,
Noch am Grabe pflanzt er – die Hoffnung auf.

Er ist kein leerer schmeichelnder Wahn,
Erzeugt im Gehirne des Toren.
Im Herzen kündet es laut sich an,
Zu was Besserm sind wir geboren,
Und was die innere Stimme spricht,
Das täuscht die hoffende Seele nicht.

Johann Wolfgang Goethe

Prometheus

Bedecke deinen Himmel, Zeus,
Mit Wolkendunst
Und übe, dem Knaben gleich,
Der Disteln köpft,
An Eichen dich und Bergeshöhn;
Mußt mir meine Erde
Doch lassen stehn
Und meine Hütte, die du nicht gebaut,
Und meinen Herd,
Um dessen Glut
Du mich beneidest.

Ich kenne nichts Ärmeres
Unter der Sonn als euch, Götter!
Ihr nähret kümmerlich
Von Opfersteuern
Und Gebetshauch
Eure Majestät
Und darbtet, wären
Nicht Kinder und Bettler
Hoffnungsvolle Toren.

Da ich ein Kind war,
Nicht wußte, wo aus noch ein,
Kehrt ich mein verirrtes Auge
Zur Sonne, als wenn drüber wär
Ein Ohr, zu hören meine Klage,
Ein Herz wie meins,
Sich des Bedrängten zu erbarmen.

Wer half mir
Wider der Titanen Übermut?
Wer rettete vom Tode mich,
Von Sklaverei?
Hast du nicht alles selbst vollendet,
Heilig glühend Herz?
Und glühtest jung und gut,
Betrogen, Rettungsdank
Dem Schlafenden da droben?

Ich dich ehren? Wofür?
Hast du die Schmerzen gelindert
Je des Beladenen?
Hast du die Tränen gestillet
Je des Geängsteten?
Hat nicht mich zum Manne geschmiedet
Die allmächtige Zeit
Und das ewige Schicksal,
Meine Herrn und deine?

Wähntest du etwa,
Ich sollte das Leben hassen,
In Wüsten fliehen,
Weil nicht alle
Blütenträume reiften?

Hier sitz ich, forme Menschen
Nach meinem Bilde
Ein Geschlecht, das mir gleich sei,
Zu leiden, zu weinen,
Zu genießen und zu freuen sich,
Und dein nicht zu achten,
Wie ich!

Johann Christian Günther

Im Fallen aufgefangen

So oft ich in Gedanken steh',
Und rückwärts in die Jahre geh',
Die mir, ich weiß nicht wie, vergangen,
So find' ich zwar viel Ungeduld,
Doch auch viel Zeichen starker Huld,
Die mich im Fallen aufgefangen.

Ich habe grob und schwer gefehlt,
Und wenn mich Freund und Feind gequält,
Aus Unmut oft dein Licht verlassen;
Doch bleib' ich allzeit treu gesinnt,
Du Vater, wirst das schwache Kind
Nicht gar so grausam fliehn und hassen.

Jetzt geh' ich an ein schweres Werk,
Und habe nun den großen Berg
Von meiner Kunst zurückzulegen,
Gib Kraft, sonst komm ich nirgends fort;
Ich habe deines Sohnes Wort,
Dies ist mir schon so gut als Segen.

Friedrich Gottlieb Klopstock

Dem Unendlichen

Wie erhebt sich das Herz, wenn es Dich,
Unendlicher, denkt! Wie sinkt es,
Wenn's auf sich herunterschaut!
Elend schaut's wehklagend dann und Nacht und Tod!

Allein du rufst mich aus meiner Nacht, der im Elend, der im Tod
Dann denk' ich es ganz, daß Du ewig mich schufst, [hilft!
Herrlicher, den kein Preis, unten am Grab, oben am Thron,
Herr Herr Gott, den, dankend entflammt, kein Jubel genug besingt!

Weht, Bäume des Lebens, ins Harfengetön!
Rausche mit ihnen ins Harfengetön, kristallner Strom!
Ihr lispelt und rauscht, und, Harfen, ihr tönt
Nie es ganz; Gott ist es, den ihr preist!

Donnert, Welten, in feierlichem Gang, in der Posaunen Chor!
Du, Orion, Waage, du auch!
Tönt, all' ihr Sonnen auf der Straße voll Glanz,
In der Posaunen Chor!

Ihr Welten, donnert,
Und du, der Posaunen Chor, hallest
Nie es ganz: Gott – nie es ganz: Gott,
Gott, Gott ist es, den ihr preist!

Friedrich Rückert

Um Mitternacht

Um Mitternacht
Hab ich gewacht
Und aufgeblickt zum Himmel;
Kein Stern vom Sterngewimmel
Hat mir gelacht
Um Mitternacht.

Um Mitternacht
Hab ich gedacht
Hinaus in dunkle Schranken;
Es hat kein Lichtgedanken
Mir Trost gebracht
Um Mitternacht.

Um Mitternacht
Nahm ich in acht
Die Schläge meines Herzens;
Ein einz'ger Puls des Schmerzens
War angefacht
Um Mitternacht.

Um Mitternacht
Kämpft ich die Schlacht,
O Menschheit, deiner Leiden;
Nicht konnt ich sie entscheiden
Mit meiner Macht
Um Mitternacht.

Um Mitternacht
Hab ich die Macht
In deine Hand gegeben;
Herr über Tod und Leben,
Du hältst die Wacht
Um Mitternacht.

Novalis

Wenn alle untreu werden,
So bleib' ich dir doch treu;
Daß Dankbarkeit auf Erden
Nicht ausgestorben sei.
Für mich umfing dich Leiden,
Vergingst für mich in Schmerz;
Drum geb' ich dir mit Freuden
Auf ewig dieses Herz.

Oft muß ich bitter meinen,
Daß du gestorben bist
Und mancher von den Deinen
Dich lebenslang vergißt.
Von Liebe nur durchdrungen
Hast du so viel getan,
Und doch bist du verklungen,
Und keiner denkt daran.

Du stehst voll treuer Liebe
Noch immer jedem bei,
Und wenn dir keiner bliebe,
So bleibst du dennoch treu;

Die treuste Liebe sieget,
Am Ende fühlt man sie,
Weint bitterlich und schmieget
Sich kindlich an dein Knie.

Ich habe dich empfunden,
O! lasse nicht von mir;
Laß innig mich verbunden
Auf ewig sein mit dir.
Einst schauen meine Brüder
Auch wieder himmelwärts,
Und sinken liebend nieder,
Und fallen dir ans Herz.

Helmut Heißenbüttel

das Sagbare sagen
das Erfahrbare erfahren
das Entscheidbare entscheiden
das Erreichbare erreichen
das Wiederholbare wiederholen
das Beendbare beenden

das nicht Sagbare
das nicht Erfahrbare
das nicht Entscheidbare
das nicht Erreichbare
das nicht Wiederholbare
das nicht Beendbare

das nicht Beendbare nicht beenden

Ingeborg Bachmann

Reklame

Wohin aber gehen wir
ohne sorge sei ohne sorge
wenn es dunkel und wenn es kalt wird
sei ohne sorge

aber
mit musik
was sollen wir tun
heiter und mit musik
und denken
heiter
angesichts eines Endes
mit musik
und wohin tragen wir
am besten
unsre Fragen und den Schauer aller Jahre
in die traumwäscherei ohne sorge sei ohne sorge
was aber geschieht
am besten
wenn Totenstille

eintritt

Eduard Mörike

Denk es, o Seele!

Ein Tännlein grünet wo,
Wer weiß, im Walde,
Ein Rosenstrauch, wer sagt,
In welchem Garten?
Sie sind erlesen schon,
Denk es, o Seele!
Auf deinem Grab zu wurzeln
Und zu wachsen.

Zwei schwarze Rößlein weiden
Auf der Wiese,
Sie kehren heim zur Stadt
In muntern Sprüngen.
Sie werden schrittweis gehn
Mit deiner Leiche;
Vielleicht, vielleicht noch eh
An ihren Hufen
Das Eisen los wird,
Das ich blitzen sehe!

Volkslied

Der Tod als Schnitter

Es ist ein Schnitter, der heißt Tod,
Hat G'walt vom großen Gott;
Heut wetzt er das Messer,
Es geht schon viel besser,
Bald wird er drein schneiden,
Wir müssen's nur leiden.
Hüt dich, schöns Blümelein!

Was heut noch grün und frisch da steht,
Wird morgen weggemäht.
Die edel Narzissel,
Die englische Schlüssel,
Die schön Hyazinthen,
Die türkischen Winden:
Hüt dich, schöns Blümelein!

Viel hunderttausend ungezählt,
Was nur unter die Sichel fällt:
Rot Rosen, weiß Lilien,
Beid' wird er austilgen,
Und ihr Kaiserkronen,
Man wird euch nicht verschonen:
Hüt dich, schöns Blümelein!

Das himmlische Ehrenpreis,
Die Tulpen gelb und weiß,
Die silbernen Glocken,
Die goldenen Flocken,
Senkt alles zur Erden,
Was wird daraus werden?
Hüt dich, schöns Blümelein!

Ihr hübsch Lavendel und Rosmarine,
Ihr vielfarbige Röselein,
Ihr stolze Schwertlilien,
Ihr krause Basilien,
Ihr zarte Violen,
Nun wird euch bald holen:
Hüt dich, schöns Blümelein!

Trutz, Tod! Komm her, ich fürcht dich nit!
Trutz, eil daher in einem Schnitt!
Wann Sichel mich letzet,
So werd ich versetzet
In den himmlischen Garten,
Darauf will ich warten.
Freu dich, schöns Blümelein!

Andreas Gryphius

Abend

Der schnelle Tag ist hin; die Nacht schwingt ihre Fahn
Und führt die Sternen auf. Der Menschen müde Scharen
Verlassen Feld und Werk, wo Tier und Vögel waren,
Traurt itzt die Einsamkeit. Wie ist die Zeit vertan!

Der Port naht mehr und mehr sich zu der Glieder Kahn.
Gleich wie dies Licht verfiel, so wird in wenig Jahren
Ich, du, und was man hat, und was man sieht, hinfahren.
Dies Leben kömmt mir vor als eine Rennebahn.

Laß, höchster Gott, mich doch nicht auf dem Laufplatz gleiten!
Laß mich nicht Ach, nicht Pracht, nicht Lust, nicht Angst verleiten!
Dein ewig heller Glanz sei vor und neben mir!

Laß, wenn der müde Leib entschläft, die Seele wachen,
Und wenn der letzte Tag wird mit mir Abend machen,
So reiß mich aus dem Tal der Finsternis zu dir!

„Es lagen im Felde die Hirten bei Nacht“

(Rudolf Alexander Schröder)

Rainer Maria Rilke

Advent

Es treibt der Wind im Winterwalde
die Flockenherde wie ein Hirt,
und manche Tanne ahnt, wie balde
sie fromm und lichterheilig wird,

und lauscht hinaus. Den weißen Wegen
streckt sie die Zweige hin – bereit,
und wehrt dem Wind und wächst entgegen
der einen Nacht der Herrlichkeit.

Joseph von Eichendorff

Weihnachten

Markt und Straßen stehn verlassen,
Still erleuchtet jedes Haus,
Sinnend geh ich durch die Gassen,
Alles sieht so festlich aus.

An den Fenstern haben Frauen
Buntes Spielzeug fromm geschmückt,
Tausend Kindlein stehn und schauen,
Sind so wunderstill beglückt.

Und ich wandre aus den Mauern
Bis hinaus ins freie Feld,
Hehres Glänzen, heilges Schauern!
Wie so weit und still die Welt!

Sterne hoch die Kreise schlingen,
Aus des Schnees Einsamkeit
Steigt's wie wunderbares Singen –
O du gnadenreiche Zeit!

Theodor Storm

Weihnachtsabend

Die fremde Stadt durchschritt ich sorgenvoll,
der Kinder denkend, die ich ließ zu Haus.
Weihnachten war's; durch alle Gassen scholl
der Kinderjubel und des Markts Gebraus.

Und wie der Menschenstrom mich fortgespült,
drang mir ein heiser Stimmlein an das Ohr:
„Kauft, lieber Herr!" Ein magres Händchen hielt
feilbietend mir ein ärmlich Spielzeug vor.

Ich schrak empor, und beim Laternenschein
sah ich ein bleiches Kinderangesicht;
wes Alters und Geschlecht es mochte sein,
erkannt ich im Vorübertreiben nicht.

Nur von dem Treppenstein, darauf es saß,
noch immer hört' ich, mühsam, wie es schien:
„Kauft, lieber Herr!" den Ruf ohn' Unterlaß;
doch hat wohl keiner ihm Gehör verliehn.

Und ich? – War's Ungeschick, war es die Scham,
am Weg zu handeln mit dem Bettelkind?
Eh meine Hand zu meiner Börse kam,
verscholl das Stimmlein hinter mir im Wind.

Doch als ich endlich war mit mir allein,
erfaßte mich die Angst im Herzen so,
als säß' mein eigen Kind auf jenem Stein
und schrie nach Brot, indessen ich entfloh.

Kurt Tucholsky

Gross-Stadt-Weihnachten

Nun senkt sich wieder auf die heim'schen Fluren
die Weihenacht! die Weihenacht!
Was die Mamas bepackt nach Hause fuhren,
wir kriegens jetzo freundlich dargebracht.

Der Asphalt glitscht. Kann Emil das gebrauchen?
Die Braut kramt schämig in dem Portemonnaie.
Sie schenkt ihm, teils zum Schmuck und teils zum Rauchen,
den Aschenbecher aus Emalch glasé.

Das Christkind kommt! Wir jungen Leute lauschen
auf einen stillen heiligen Grammophon.
Das Christkind kommt und ist bereit zu tauschen
den Schlips, die Puppe und das Lexikohn.

Und sitzt der wackre Bürger bei den Seinen,
voll Karpfen, still im Stuhl, um halber zehn,
dann ist er mit sich selbst zufrieden und im reinen:
„Ach ja, son Christfest is doch ooch janz scheen!"

Und frohgelaunt spricht er vom ‚Weihnachtswetter',
mag es nun regnen oder mag es schnein.
Jovial und schmauchend liest er seine Morgenblätter,
die trächtig sind von süßen Plauderein.

So trifft denn nur auf eitel Glück hienieden
in dieser Residenz Christkindleins Flug?
Mein Gott, sie mimen eben Weihnachtsfrieden ...
„Wir spielen alle. Wer es weiß, ist klug."

Johann Wolfgang Goethe

Epiphaniasfest

Die heiligen drei Kön'ge mit ihrem Stern,
sie essen, sie trinken und bezahlen nicht gern;
sie essen gern, sie trinken gern,
sie essen, sie trinken und bezahlen nicht gern.

Die heiligen drei Kön'ge, sie kommen allhier,
es sind ihrer drei und nicht ihrer vier,
und wenn zu drein der vierte wär,
so wär ein heiliger drei König mehr.

Ich erster bin der weiß und auch der schön,
bei Tage solltet ihr mich erst sehn!
Doch ach, mit allen Spezerein
werd ich mein Tag kein Mädchen mehr erfreun.

Ich aber bin der braun und bin der lang,
bekannt bei Weibern wohl und bei Gesang;
ich bringe Gold statt Spezerein,
da werd ich überall willkommen sein.

Ich endlich bin der schwarz und bin der klein
und mag auch wohl einmal recht lustig sein.
Ich esse gern, ich trinke gern,
ich esse, trinke und bedanke mich gern.

Die heiligen drei König sind wohlgesinnt,
sie suchen die Mutter und das Kind;
der Joseph fromm sitzt auch dabei,
der Ochs und Esel liegen auf der Streu.

Wir bringen Myrrhen, wir bringen Gold,
dem Weihrauch sind die Damen hold,
und haben wir Wein von gutem Gewächs,
so trinken wir drei so gut wie ihrer sechs.

Da wir hier nun schöne Herrn und Fraun,
aber keine Ochs und Esel schaun,
so sind wir nicht am rechten Ort
und ziehen unseres Weges weiter fort.

Bertolt Brecht

Die gute Nacht

Der Tag, vor dem der große Christ
zur Welt geboren worden ist
war hart und wüst und ohne Vernunft.
Seine Eltern, ohne Unterkunft
fürchteten sich vor seiner Geburt
die gegen Abend erwartet wurd.
Denn seine Geburt fiel in die kalte Zeit.
Aber sie verlief zur Zufriedenheit.
Der Stall, den sie doch noch gefunden hatten
war warm und mit Moos zwischen seinen Latten
und mit Kreide war auf die Tür gemalt
daß der Stall bewohnt war und bezahlt.
So wurde es doch noch eine gute Nacht
auch das Heu war wärmer, als sie gedacht,
Ochs und Esel waren dabei
damit alles in Ordnung sei.
Eine Krippe gab einen kleinen Tisch
und der Hausknecht brachte ihnen heimlich einen Fisch.
(Denn es mußte bei der Geburt des großen Christ
alles heimlich gehen und mit List.)
Doch der Fisch war ausgezeichnet und reichte durchaus
und Maria lachte ihren Mann wegen seiner Besorgnis aus
denn am Abend legte sich sogar der Wind
und war nicht mehr so kalt, wie die Winde sonst sind.
Aber bei Nacht war es fast wie ein Föhn.
Und der Stall war warm und das Kind war sehr schön.
Und es fehlte schon fast gar nichts mehr
da kamen auch noch die Dreikönig daher!
Maria und Joseph waren zufrieden sehr.
Sie legten sich sehr zufrieden zum Ruhn
mehr konnte die Welt für den Christ nicht tun.

Marie Luise Kaschnitz

Dezembernacht

Feldhüter haben in einem Geräteschuppen
(Steckrübenacker, Pflaumenbäume, Flußwind)
Eine Geburt aufgespürt, hier unzulässig.
Flüchtlinge gehören ins Lager und registriert.
Der Schafhirt kam dazu, ein junger Mann
Der ging mit einem Stecken übers Mondfeld.
Sein Hund mit dem Namen Wasser sprang an der Hütte hoch
Ein Alter drinnen gab Auskunft, er sei nicht der Vater.
Die Feldhüter verlangten Papiere. Das Neugeborene schrie.
Die Schafe versperrten die Straße. Drei Automobile
Ein Mercedes, ein Bentley, eine Isetta hielten an,
Drei Herren stiegen aus, drei Frauen schöner als Engel
Fragten, wo sind wir, spielten mit den Lämmern.
Spenden Sie etwas, sagten die Feldhüter. Da gaben sie ihnen
Ein Parfüm von Dior, einen Pelz,
Einen Scheck auf die Bank von England
Sie blieben stehen und sahen zu den Sternen auf
Glänzte nicht einer besonders? Ein Rauhreif fiel
Die kleine Stimme schluchzte noch und schwieg.
Ein Mercedes, ein Bentley, eine Isetta rührten sich
Und summten wie Libellen. Der Hirte schrie
Fort mit euch Schafen, fort mit euch Lämmern.
Ist das Kind gestorben? Das Kind stirbt nie.

Rudolf Alexander Schröder

Hirten bei Nacht

Es lagen im Felde die Hirten bei Nacht,
die haben gefroren und haben gewacht.
Die waren wohl hungrig, die waren wohl müd,
wie's heute noch Hirten im Felde geschieht.

Da scholl in den Lüften das Jubelgeschrei,
sie hörten's und kamen voll Freuden herbei,
vergaßen den Schlummer, verschmerzten die Pein
und drangen zum Stall und zur Krippe hinein.

Und was sie gesehen, wir sehen es heut,
und alle, die's sehen, sind selige Leut,
sind selig und fröhlich und gehn mit Gesang
und sagen dem Kinde Lob, Ehren und Dank.

Die himmlischen Chöre, sie singen wohl hell,
viel heller denn Menschen. Doch komm nur, Gesell,
die Kehle gewetzt und die Stimme geprobt:
Wer nimmer gesungen, heut singt er und lobt.

Die himmlischen Sterne sind alle Nacht schön;
doch heute blickt einer aus ewigen Höhn,
der zeigt uns den Weg, und wir folgen geschwind
und segnen die Mutter und grüßen das Kind.

Peter Huchel

Die Hirtenstrophe

Wir gingen nachts gen Bethlehem
und suchten über Feld
den schiefen Stall aus Stroh und Lehm,
von Hunden fern umbellt.

Und drängten auf die morsche Schwell
und sahen an das Kind.
Der Schnee trieb durch die Luke hell
und draußen Eis und Wind.

Ein Ochs nur blies die Krippe warm,
der nah der Mutter stand.
Wie war ihr Kleid, ihr Kopftuch arm,
wie mager ihre Hand.

Ein Esel hielt sein Maul ins Heu,
fraß Dorn und Distel sacht.
Er rupfte weich die Krippenstreu,
o bitterkalte Nacht.

Wir hatten nichts als unsern Stock,
kein Schaf, kein eigen Land,

geflickt und fasrig war der Rock,
nachts keine warme Wand.

Wir standen scheu und stummen Munds:
Die Hirten, Kind, sind hier.
Und beteten und wünschten uns
Gerät und Pflug und Stier.

Und standen lang und schluckten Zorn,
weil uns das Kind nicht sah.
Griff nicht das Kind dem Ochs ans Horn
und lag dem Esel nah?

Es brannte ab der Span aus Kien.
Das Kind schrie und schlief ein.
Wir rührten uns, feldein zu ziehn.
Wie waren wir allein!

Daß diese Welt nun besser wird,
so sprach der Mann der Frau,
für Zimmermann und Knecht und Hirt,
das wisse er genau.

Ungläubig hörten wirs – doch gern.
Viel Jammer trug die Welt.
Es schneite stark. Und ohne Stern
ging es durch Busch und Feld.

Gras, Vogel, Lamm und Netz und Hecht,
Gott gab es uns zu Lehn.
Die Erde aufgeteilt gerecht,
wir hättens gern gesehn.

Christa Reinig

Der hirte

leute, kommt zu mir ans feuer
wer die nacht liebt, ist ein feind
fremde seid ihr, wenn nicht euer
angesicht im licht erscheint

wollte gott, daß friede werde
oder uns der gnadenstoß
der soldat jagt unsre herde
und der hirt ist waffenlos

wer hat noch die hände offen
und wer lügt nicht, wenn er spricht
und wir schweigen und erhoffen
einen gott, – o glaubt es nicht

daß er kommt uns zu erlösen
und er hat es wohlbedacht
denn wir knien vor dem bösen
und beneiden seine macht

Eduard Mörike

Zum neuen Jahr

Wie heimlicher Weise
Ein Engelein leise
Mit rosigen Füßen
Die Erde betritt,
So nahte der Morgen.
Jauchzt ihm, ihr Frommen,
Ein heilig Willkommen!
Ein heilig Willkommen,
Herz, jauchze du mit!

In ihm sei's begonnen,
Der Monde und Sonnen
An blauen Gezelten
Des Himmels bewegt.
Du, Vater, du rate!
Lenke du und wende!
Herr, dir in die Hände
Sei Anfang und Ende,
Sei alles gelegt!

Dietrich Bonhoeffer

Von guten Mächten

Von guten Mächten treu und still umgeben,
behütet und getröstet wunderbar,
so will ich diese Tage mit euch leben
und mit euch gehen in ein neues Jahr.

Noch will das alte unsre Herzen quälen,
noch drückt uns böser Tage schwere Last.
Ach, Herr, gib unsern aufgescheuchten Seelen
das Heil, für das du uns bereitet hast.

Und reichst du uns den schweren Kelch, den bittern
des Leids, gefüllt bis an den höchsten Rand,
so nehmen wir ihn dankbar ohne Zittern
aus deiner guten und geliebten Hand.

Doch willst du uns noch einmal Freude schenken
an dieser Welt und ihrer Sonne Glanz,
dann wolln wir des Vergangenen gedenken
und dann gehört dir unser Leben ganz.

Laß warm und still die Kerzen heute flammen,
die du in unsre Dunkelheit gebracht.
Führ, wenn es sein kann, wieder uns zusammen.
Wir wissen es, dein Licht scheint in der Nacht.

Wenn sich die Stille nun tief um uns breitet,
so laß uns hören jenen vollen Klang
der Welt, die unsichtbar sich um uns weitet,
all deiner Kinder hohen Lobgesang.

Von guten Mächten wunderbar geborgen,
erwarten wir getrost, was kommen mag;
Gott ist mit uns am Abend und am Morgen
und ganz gewiß an jedem neuen Tag.

„Wir singen und sagen vom Grafen so gern“

(Johann Wolfgang Goethe)

Friedrich Schiller

Die Bürgschaft

Zu Dionys dem Tyrannen schlich
Möros, den Dolch im Gewande,
Ihn schlugen die Häscher in Bande.
„Was wolltest du mit dem Dolche, sprich!“
Entgegnet ihm finster der Wüterich.
„Die Stadt vom Tyrannen befreien!“
„Das sollst du am Kreuze bereuen.“

„Ich bin“, spricht jener, „zu sterben bereit,
Und bitte nicht um mein Leben,
Doch willst du Gnade mir geben,
Ich flehe dich um drei Tage Zeit,
Bis ich die Schwester dem Gatten gefreit,
Ich lasse den Freund dir als Bürgen,
Ihn magst du, entrinn ich, erwürgen.“

Da lächelt der König mit arger List,
Und spricht nach kurzem Bedenken:
„Drei Tage will ich dir schenken.
Doch wisse! wenn sie verstrichen die Frist,
Eh du zurück mir gegeben bist,
So muß er statt deiner erblassen,
Doch dir ist die Strafe erlassen.“

Und er kommt zum Freunde: „Der König gebeut,
Daß ich am Kreuz mit dem Leben
Bezahle das frevelnde Streben,
Doch will er mir gönnen drei Tage Zeit,
Bis ich die Schwester dem Gatten gefreit,
So bleib du dem König zum Pfande,
Bis ich komme, zu lösen die Bande.“

Und schweigend umarmt ihn der treue Freund,
Und liefert sich aus dem Tyrannen,
Der andere ziehet von dannen.
Und ehe das dritte Morgenrot scheint,
Hat er schnell mit dem Gatten die Schwester vereint,
Eilt heim mit sorgender Seele,
Damit er die Frist nicht verfehle.

Da gießt unendlicher Regen herab,
Von den Bergen stürzen die Quellen,
Und die Bäche, die Ströme schwellen.
Und er kommt ans Ufer mit wanderndem Stab,
Da reißet die Brücke der Strudel hinab,
Und donnernd sprengen die Wogen
Des Gewölbes krachenden Bogen.

Und trostlos irrt er an Ufers Rand,
Wie weit er auch spähet und blicket
Und die Stimme, die rufende, schicket;
Da stößet kein Nachen vom sichern Strand,
Der ihn setze an das gewünschte Land,
Kein Schiffer lenket die Fähre,
Und der wilde Strom wird zum Meere.

Da sinkt er ans Ufer und weint und fleht,
Die Hände zum Zeus erhoben:
„O hemme des Stromes Toben!
Es eilen die Stunden, im Mittag steht
Die Sonne, und wenn sie niedergeht,
Und ich kann die Stadt nicht erreichen,
So muß der Freund mir erbleichen.“

Doch wachsend erneut sich des Stromes Wut,
Und Welle auf Welle zerrinnet,
Und Stunde an Stunde entrinnet,
Da treibet die Angst ihn, da faßt er sich Mut
Und wirft sich hinein in die brausende Flut,
Und teilt mit gewaltigen Armen
Den Strom, und ein Gott hat Erbarmen.

Und gewinnt das Ufer und eilet fort,
Und danket dem rettenden Gotte,
Da stürzet die raubende Rotte
Hervor aus des Waldes nächtlichem Ort,
Den Pfad ihm sperrend, und schnaubet Mord
Und hemmet des Wanderers Eile
Mit drohend geschwungener Keule.

„Was wollt ihr?“ ruft er vor Schrecken bleich,
„Ich habe nichts als mein Leben,
Das muß ich dem Könige geben!“
Und entreißt die Keule dem nächsten gleich:
„Um des Freundes willen erbarmet euch!“
Und drei, mit gewaltigen Streichen,
Erlegt er, die andern entweichen.

Und die Sonne versendet glühenden Brand
Und von der unendlichen Mühe
Ermattet sinken die Knie:
„O hast du mich gnädig aus Räubershand,
Aus dem Strom mich gerettet ans heilige Land,
Und soll hier verschmachtend verderben,
Und der Freund mir, der liebende, sterben!“

Und horch! da sprudelt es silberhell
Ganz nahe wie rieselndes Rauschen,
Und stille hält er zu lauschen,
Und sieh, aus dem Felsen, geschwätzig, schnell,
Springt murmelnd hervor ein lebendiger Quell,
Und freudig bückt er sich nieder,
Und erfrischet die brennenden Glieder.

Und die Sonne blickt durch der Zweige Grün,
Und malt auf den glänzenden Matten
Der Bäume gigantische Schatten,
Und zwei Wanderer sieht er die Straße ziehn,
Will eilenden Laufes vorüber fliehn,
Da hört er die Worte sie sagen:
„Jetzt wird er ans Kreuz geschlagen."

Und die Angst beflügelt den eilenden Fuß,
Ihn jagen der Sorge Qualen,
Da schimmern in Abendrots Strahlen
Von ferne die Zinnen von Syrakus,
Und entgegen kommt ihm Philostratus,
Des Hauses redlicher Hüter,
Der erkennet entsetzt den Gebieter:

„Zurück! Du rettest den Freund nicht mehr,
So rette das eigene Leben!
Den Tod erleidet er eben.
Von Stunde zu Stunde gewartet' er
Mit hoffender Seele der Wiederkehr,
Ihm konnte den mutigen Glauben
Der Hohn des Tyrannen nicht rauben."

„Und ist es zu spät, und kann ich ihm nicht
Ein Retter willkommen erscheinen,
So soll mich der Tod ihm vereinen.
Des rühme der blutge Tyrann sich nicht,
Daß der Freund dem Freunde gebrochen die Pflicht,
Er schlachte der Opfer zweie
Und glaube an Liebe und Treue."

Und die Sonne geht unter, da steht er am Tor
Und sieht das Kreuz schon erhöhet,
Das die Menge gaffend umstehet,
An dem Seile schon zieht man den Freund empor,
Da zertrennt er gewaltig den dichten Chor:
„Mich, Henker!" ruft er, „erwürget,
Da bin ich, für den er gebürget!"

Und Staunen ergreifet das Volk umher,
In den Armen liegen sich beide,
Und weinen vor Schmerz und Freude.
Da sieht man kein Auge tränenleer,
Und zum Könige bringt man die Wundermär,
Der fühlt ein menschliches Rühren,
Läßt schnell vor den Thron sie führen.

Und blicket sie lange verwundert an,
Drauf spricht er: „Es ist euch gelungen,
Ihr habt das Herz mir bezwungen,
Und die Treue, sie ist doch kein leerer Wahn,
So nehmet auch mich zum Genossen an,
Ich sei, gewährt mir die Bitte,
In eurem Bunde der Dritte."

Johann Wolfgang Goethe

Der König in Thule

Es war ein König in Thule
Gar treu bis an das Grab,
Dem sterbend seine Buhle
Einen goldnen Becher gab.

Es ging ihm nichts darüber,
Er leert' ihn jeden Schmaus;
Die Augen gingen ihm über,
Sooft er trank daraus.

Und als er kam zu sterben,
Zählt' er seine Städt' im Reich,
Gönnt' alles seinen Erben,
Den Becher nicht zugleich.

Er saß beim Königsmahle,
Die Ritter um ihn her,
Auf hohem Vätersaale,
Dort auf dem Schloß am Meer.

Dort stand der alte Zecher,
Trank letzte Lebensglut,
Und warf den heilgen Becher
Hinunter in die Flut.

Er sah ihn stürzen, trinken
Und sinken tief ins Meer.
Die Augen täten ihm sinken;
Trank nie einen Tropfen mehr.

Friedrich Schiller

Der Handschuh

Vor seinem Löwengarten,
Das Kampfspiel zu erwarten,
Saß König Franz,
Und um ihn die Großen der Krone,
Und rings auf hohem Balkone
Die Damen in schönem Kranz.

Und wie er winkt mit dem Finger,
Auftut sich der weite Zwinger,
Und hinein mit bedächtigem Schritt
Ein Löwe tritt,
Und sieht sich stumm
Rings um,
Mit langem Gähnen,
Und schüttelt die Mähnen,
Und streckt die Glieder,
Und legt sich nieder.

Und der König winkt wieder,
Da öffnet sich behend
Ein zweites Tor,
Daraus rennt
Mit wildem Sprunge
Ein Tiger hervor,
Wie der den Löwen erschaut,
Brüllt er laut,
Schlägt mit dem Schweif,

Einen furchtbaren Reif,
Und recket die Zunge,
Und im Kreise scheu
Umgeht er den Leu
Grimmig schnurrend,
Drauf streckt er sich murrend
Zur Seite nieder.

Und der König winkt wieder,
Da speit das doppelt geöffnete Haus
Zwei Leoparden auf einmal aus,
Die stürzen mit mutiger Kampfbegier
Auf das Tigertier,
Das packt sie mit seinen grimmigen Tatzen,
Und der Leu mit Gebrüll
Richtet sich auf, da wirds still,
Und herum im Kreis,
Von Mordsucht heiß,
Lagern sich die greulichen Katzen.

Da fällt von des Altans Rand
Ein Handschuh von schöner Hand
Zwischen den Tiger und den Leu'n
Mitten hinein.

Und zu Ritter Delorges spottender Weis'
Wendet sich Fräulein Kunigund;
„Herr Ritter ist Eure Lieb so heiß
Wie Ihr mirs schwört zu jeder Stund,
Ei so hebt mir den Handschuh auf."

Und der Ritter, in schnellem Lauf,
Steigt hinab in den furchtbarn Zwinger
Mit festem Schritte,
Und aus der Ungeheuer Mitte
Nimmt er den Handschuh mit keckem Finger.

Und mit Erstaunen und mit Grauen
Sehens die Ritter und Edelfrauen,
Und gelassen bringt er den Handschuh zurück,
Da schallt ihm sein Lob aus jedem Munde,

Aber mit zärtlichem Liebesblick –
Er verheißt ihm sein nahes Glück –
Empfängt ihn Fräulein Kunigunde.
Und der Ritter, sich tief verbeugend, spricht:
„Den Dank, Dame, begehr ich nicht“,
Und verläßt sie zur selben Stunde.

Friedrich Schiller

Die Kraniche des Ibykus

Zum Kampf der Wagen und Gesänge,
Der auf Korinthus' Landesenge
Der Griechen Stämme froh vereint,
Zog Ibykus, der Götterfreund.
Ihm schenkte des Gesanges Gabe,
Der Lieder süßen Mund Apoll,
So wandert' er, an leichtem Stabe,
Aus Rhegium, des Gottes voll.

Schon winkt auf hohem Bergesrücken
Akrokorinth des Wandrers Blicken,
Und in Poseidons Fichtenhain
Tritt er mit frommem Schauder ein.
Nichts regt sich um ihn her, nur Schwärme
Von Kranichen begleiten ihn,
Die fernhin nach des Südens Wärme
In graulichtem Geschwader ziehn.

„Seid mir gegrüßt, befreundte Scharen!
Die mir zur See Begleiter waren,
Zum guten Zeichen nehm ich euch,
Mein Los, es ist dem euren gleich.
Von fernher kommen wir gezogen
Und flehen um ein wirtlich Dach.
Sei uns der Gastliche gewogen,
Der von dem Fremdling wehrt die Schmach!“

Und munter fördert er die Schritte
Und sieht sich in des Waldes Mitte,
Da sperren, auf gedrangem Steg,
Zwei Mörder plötzlich seinen Weg.
Zum Kampfe muß er sich bereiten,
Doch bald ermattet sinkt die Hand,
Sie hat der Leier zarte Saiten,
Doch nie des Bogens Kraft gespannt.

Er ruft die Menschen an, die Götter,
Sein Flehen dringt zu keinem Retter,
Wie weit er auch die Stimme schickt,
Nichts Lebendes wird hier erblickt.
„So muß ich hier verlassen sterben,
Auf fremdem Boden, unbeweint,
Durch böser Buben Hand verderben,
Wo auch kein Rächer mir erscheint!"

Und schwer getroffen sinkt er nieder,
Da rauscht der Kraniche Gefieder,
Er hört, schon kann er nicht mehr sehn,
Die nahen Stimmen furchtbar krähn.
„Von euch, ihr Kraniche dort oben!
Wenn keine andre Stimme spricht,
Sei meines Mordes Klag erhoben!"
Er ruft es, und seine Auge bricht.

Der nackte Leichnam wird gefunden,
Und bald, obgleich entstellt von Wunden,
Erkennt der Gastfreund in Korinth
Die Züge, die ihm teuer sind.
„Und muß ich so dich wiederfinden,
Und hoffte mit der Fichte Kranz
Des Sängers Schläfe zu umwinden,
Bestrahlt von seines Ruhmes Glanz!"

Und jammernd hören's alle Gäste,
Versammelt bei Poseidons Feste,
Ganz Griechenland ergreift der Schmerz,
Verloren hat ihn jedes Herz.
Und stürmend drängt sich zum Prytanen

Das Volk, es fordert seine Wut,
Zu rächen des Erschlagnen Manen,
Zu sühnen mit des Mörders Blut.

Doch wo die Spur, die aus der Menge,
Der Völker flutendem Gedränge,
Gelocket von der Spiele Pracht,
Den schwarzen Täter kenntlich macht?
Sind's Räuber, die ihn feig erschlagen?
Tat's neidisch ein verborgner Feind?
Nur Helios vermag's zu sagen,
Der alles Irdische bescheint.

Er geht vielleicht mit frechem Schritte
Jetzt eben durch der Griechen Mitte,
Und während ihn die Rache sucht,
Genießt er seines Frevels Frucht.
Auf ihres eignen Tempels Schwelle
Trotzt er vielleicht den Göttern, mengt
Sich dreist in jene Menschenwelle,
Die dort sich zum Theater drängt.

Denn Bank an Bank gedränget sitzen,
Es brechen fast der Bühne Stützen,
Herbeigeströmt von fern und nah,
Der Griechen Völker wartend da,
Dumpfbrausend wie des Meeres Wogen;
Von Menschen wimmelnd, wächst der Bau
In weiter stets geschweiftem Bogen
Hinauf bis in des Himmels Blau.

Wer zählt die Völker, nennt die Namen,
Die gastlich hier zusammenkamen?
Von Theseus' Stadt, von Aulis Strand,
Von Phokis, vom Spartanerland,
Von Asiens entlegner Küste,
Von allen Inseln kamen sie
Und horchen von dem Schaugerüste
Des Chores grauser Melodie,

Der streng und ernst, nach alter Sitte,
Mit langsam abgemeßnem Schritte
Hervortritt aus dem Hintergrund,
Umwandelnd des Theaters Rund.
So schreiten keine irdschen Weiber,
Die zeugete kein sterblich Haus!
Es steigt das Riesenmaß der Leiber
Hoch über menschliches hinaus.

Ein schwarzer Mantel schlägt die Lenden,
Sie schwingen in entfleischten Händen
Der Fackel düsterrote Glut,
In ihren Wangen fließt kein Blut,
Und wo die Haare lieblich flattern,
Um Menschenstirnen freundlich wehn,
Da sieht man Schlangen hier und Nattern
Die giftgeschwollnen Bäuche blähn.

Und schauerlich gedreht im Kreise
Beginnen sie des Hymnus Weise,
Der durch das Herz zerreißend dringt,
Die Bande um den Sünder schlingt.
Besinnungraubend, herzbetörend
Schallt der Erinnyen Gesang,
Er schallt, des Hörers Mark verzehrend,
Und duldet nicht der Leier Klang:

„Wohl dem, der frei von Schuld und Fehle
Bewahrt die kindlich reine Seele!
Ihm dürfen wir nicht rächend nahn,
Er wandelt frei des Lebens Bahn.
Doch wehe, wehe, wer verstohlen
Des Mordes schwere Tat vollbracht,
Wir heften uns an seine Sohlen,
Das furchtbare Geschlecht der Nacht!

Und glaubt er fliehend zu entspringen,
Geflügelt sind wir da, die Schlingen
Ihm werfend um den flüchtgen Fuß,
Daß er zu Boden fallen muß.
So jagen wir ihn, ohn Ermatten,

Versöhnen kann uns keine Reu,
Ihn fort und fort bis zu den Schatten
Und geben ihn auch dort nicht frei."

So singend tanzen sie den Reigen,
Und Stille wie des Todes Schweigen
Liegt überm ganzen Hause schwer,
Als ob die Gottheit nahe wär.
Und feierlich, nach alter Sitte
Umwandelnd des Theaters Rund
Mit langsam abgemeßnem Schritte,
Verschwinden sie im Hintergrund.

Und zwischen Trug und Wahrheit schwebet
Noch zweifelnd jede Brust und bebet
Und huldiget der furchtbarn Macht,
Die richtend im Verborgnen wacht,
Die unerforschlich, unergründet
Des Schicksals dunkeln Knäuel flicht,
Dem tiefen Herzen sich verkündet,
Doch fliehet vor dem Sonnenlicht.

Da hört man auf den höchsten Stufen
Auf einmal eine Stimme rufen:
„Sieh da! Sieh da, Timotheus,
Die Kraniche des Ibykus!" –
Und finster plötzlich wird der Himmel,
Und über dem Theater hin
Sieht man in schwärzlichtem Gewimmel
Ein Kranichheer vorüberziehn.

„Des Ibykus!" – Der teure Name
Rührt jede Brust mit neuem Grame,
Und wie im Meere Well auf Well,
So läuft's von Mund zu Munde schnell:
„Des Ibykus, den wir beweinen,
Den eine Mörderhand erschlug!
Was ist's mit dem? Was kann er meinen?
Was ist's mit diesem Kranichzug?"

Und lauter immer wird die Frage,
Und ahnend fliegt's mit Blitzesschlage
Durch alle Herzen: „Gebet acht!
Das ist der Eumeniden Macht!
Der fromme Dichter wird gerochen,
Der Mörder bietet selbst sich dar!
Ergreift ihn, der das Wort gesprochen,
Und ihn, an den's gerichtet war."

Doch dem war kaum das Wort entfahren,
Möcht er's im Busen gern bewahren;
Umsonst, der schreckenbleiche Mund
Macht schnell die Schuldbewußten kund.
Man reißt und schleppt sie vor den Richter,
Die Szene wird zum Tribunal,
Und es gestehn die Bösewichter,
Getroffen von der Rache Strahl.

Conrad Ferdinand Meyer

Die Füße im Feuer

Wild zuckt der Blitz. In fahlem Lichte steht ein Turm.
Der Donner rollt. Ein Reiter kämpft mit seinem Roß,
Springt ab und pocht ans Tor und lärmt. Sein Mantel saust
Im Wind. Er hält den scheuen Fuchs am Zügel fest.
Ein schmales Gitterfenster schimmert goldenhell
Und knarrend öffnet jetzt das Tor ein Edelmann ...

„Ich bin ein Knecht des Königs, als Kurier geschickt
Nach Nîmes. Herbergt mich! Ihr kennt des Königs Rock!"
„Es stürmt. Mein Gast bist du. Dein Kleid, was kümmert's mich?
Tritt ein und wärme dich! Ich sorge für dein Tier!"
Der Reiter tritt in einen dunkeln Ahnensaal,
Von eines weiten Herdes Feuer schwach erhellt,
Und je nach seines Flackerns launenhaftem Licht
Droht hier ein Hugenott im Harnisch, dort ein Weib,
Ein stolzes Edelweib aus braunem Ahnenbild ...
Der Reiter wirft sich in den Sessel vor dem Herd

Und starrt in den lebendgen Brand. Er brütet, gafft ...
Leis sträubt sich ihm das Haar. Er kennt den Herd, den Saal ...
Die Flamme zischt. Zwei Füße zucken in der Glut.

Den Abendtisch bestellt die greise Schaffnerin
Mit Linnen blendend weiß. Das Edelmägdlein hilft.
Ein Knabe trug den Krug mit Wein. Der Kinder Blick
Hangt schreckensstarr am Gast und hangt am Herd entsetzt ...
Die Flamme zischt. Zwei Füße zucken in der Glut.
„Verdammt! Dasselbe Wappen! Dieser selbe Saal!
Drei Jahre sind's ... Auf einer Hugenottenjagd ...
Ein fein, halsstarrig Weib ... ‚Wo steckt der Junker? Sprich!'
Sie schweigt. ‚Bekenn!' Sie schweigt. ‚Gib ihn heraus!' Sie schweigt.
Ich werde wild. *Der* Stolz! Ich zerre das Geschöpf ...
Die nackten Füße pack ich ihr und strecke sie
Tief mitten in die Glut ... ‚Gib ihn heraus!' ... Sie schweigt ...
Sie windet sich ... Sahst du das Wappen nicht am Tor?
Wer hieß dich hier zu Gaste gehen, dummer Narr?
Hat er nur einen Tropfen Bluts, erwürgt er dich."
Eintritt der Edelmann. „Du träumst! Zu Tische, Gast ..."

Da sitzen sie. Die drei in ihrer schwarzen Tracht
Und er. Doch keins der Kinder spricht das Tischgebet.
Ihn starren sie mit aufgerißnen Augen an –
Den Becher füllt und übergießt er, stürzt den Trunk,
Springt auf: „Herr, gebet jetzt mir meine Lagerstatt!
Müd bin ich wie ein Hund!" Ein Diener leuchtet ihm,
Doch auf der Schwelle wirft er einen Blick zurück
Und sieht den Knaben flüstern in des Vaters Ohr ...
Dem Diener folgt er taumelnd in das Turmgemach.

Fest riegelt er die Tür. Er prüft Pistol und Schwert.
Gell pfeift der Sturm. Die Diele bebt. Die Decke stöhnt.
Die Treppe kracht ... Dröhnt hier ein Tritt? ... Schleicht dort ein
Ihn täuscht das Ohr. Vorüberwandelt Mitternacht. [Schritt? ...
Auf seinen Lidern lastet Blei und schlummernd sinkt
Er auf das Lager. Draußen plätschert Regenflut.
Er träumt. „Gesteh!" Sie schweigt. „Gib ihn heraus!" Sie schweigt.
Er zerrt das Weib. Zwei Füße zucken in der Glut.
Aufsprüht und zischt ein Feuermeer, das ihn verschlingt ...
„Erwach! Du solltest längst von hinnen sein! Es tagt!"

Durch die Tapetentür in das Gemach gelangt,
Vor seinem Lager steht des Schlosses Herr – ergraut,
Dem gestern dunkelbraun sich noch gekraust das Haar.

Sie reiten durch den Wald. Kein Lüftchen regt sich heut.
Zersplittert liegen Ästetrümmer quer im Pfad.
Die frühsten Vöglein zwitschern, halb im Traume noch.
Friedsel'ge Wolken schwimmen durch die klare Luft,
Als kehrten Engel heim von einer nächt'gen Wacht.
Die dunkeln Schollen atmen kräft'gen Erdgeruch.
Die Ebne öffnet sich. Im Felde geht ein Pflug.
Der Reiter lauert aus den Augenwinkeln: „Herr,
Ihr seid ein kluger Mann und voll Besonnenheit
Und wißt, daß ich dem größten König eigen bin.
Lebt wohl. Auf Nimmerwiedersehn!" Der andre spricht:
„Du sagst's! Dem größten König eigen! Heute ward
Sein Dienst mir schwer ... Gemordet hast du teuflisch mir
Mein Weib! Und lebst! ... Mein ist die Rache, redet Gott."

Gertrud Kolmar

Rue Saint-Honoré

Als die Karren durch die Straßen fuhren
In die Rue Saint-Honoré,
Sprangen von den Pflastern tausend Huren,
Schön geputzt und gräßlich wie Lemuren;
Ihre Lächeln taten weh,

Spitze Pfeile aus bemalten Köchern.
Das geschwellte junge Weib
Und die Welke, abgenagt und knöchern,
Bleckten bunt und frech aus Fensterlöchern,
Männerarme um den Leib:

Nackt und glitzernd ritt die Goldne Jugend
Schon ihr geiles, rosig fettes Schwein,
Stand in Gassen, an den Türen lugend,
Zu entehren die erschlagne Tugend,
Auf die sterbende zu spein.

Schaum und Schmähung brach aus vollem Munde
Auf den blutigen Verband,
Auf den Blick, der über seine Wunde
Hart und elend starrte in die Runde,
Doch in Nebeln nur empfand,

Daß Gendarmensäbel auf ihn zeigte,
Daß der Gäule träges Ziehn
Und den Tod Megärenschar umreigte,
Daß ein Haus erbarmend still sich neigte;
Ach, sie fiel nicht über ihn,

Diese Mauer, die sein Turm gewesen –
Und ein Schlächterkübel stand,
Und ein Kind, Gott weiß wo aufgelesen,
Spritzte froh mit eingetauchtem Besen
Einen langen Blutstrahl auf die Wand.

Seine Lider sanken, weiß von Schimmel.
Und er war sehr weit
Aller Erde, aller Hölle, allem Himmel,
Dieser Würmer fressendem Gewimmel,
Und sein Grab lag halb verschneit.

Bretter ... Pfähle ... eine Scharlachjacke.
Fäuste griffen aus dem Knäul,
Fetzten ihm das Linnen von der Backe;
Sein Gesicht zerstürzte, rote Schlacke,
Troff in grausigem Geheul:

Und ein unermeßner Jubel hallte.
Drüben ward das Grab verweht.
Nur in dämmerdüstrer Gassenspalte
Raunte zittrig eine arme Alte
Für dies Sterben ein verrufenes Gebet.

Heinrich Heine

Belsazar

Die Mitternacht zog näher schon;
In stummer Ruh lag Babylon.

Nur oben in des Königs Schloß,
Da flackert's da lärmt des Königs Troß.

Dort oben in dem Königssaal
Belsazar hielt sein Königsmahl.

Die Knechte saßen in schimmernden Reihn
Und leerten die Becher mit funkelndem Wein.

Es klirrten die Becher, es jauchzten die Knecht;
So klang es dem störrigen Könige recht.

Des Königs Wangen leuchten Glut;
Im Wein erwuchs ihm kecker Mut.

Und blindlings reißt der Mut ihn fort;
Und er lästert die Gottheit mit sündigem Wort.

Und er brüstet sich frech, und lästert wild;
Der Knechtenschar ihm Beifall brüllt.

Der König rief mit stolzem Blick;
Der Diener eilt und kehrt zurück.

Er trug viel gülden Gerät auf dem Haupt;
Das war aus dem Tempel Jehovahs geraubt.

Und der König ergriff mit frevler Hand
Einen heiligen Becher, gefüllt bis am Rand.

Und er leert ihn hastig bis auf den Grund
Und rufet laut mit schäumendem Mund:

Jehovah! dir künd ich auf ewig Hohn –
Ich bin der König von Babylon!

Doch kaum das grause Wort verklang,
Dem König ward's heimlich im Busen bang.

Das gellende Lachen verstummte zumal;
Es wurde leichenstill im Saal.

Und sieh! und sieh! an weißer Wand
Da kam's hervor wie Menschenhand

Und schrieb, und schrieb an weißer Wand
Buchstaben von Feuer, und schrieb und schwand.

Der König stieren Blicks da saß,
Mit schlotternden Knien und totenblaß.

Die Knechtenschar saß kalt durchgraut,
Und saß gar still, gab keinen Laut.

Die Magier kamen, doch keiner verstand
Zu deuten die Flammenschrift an der Wand.

Belsazar ward aber in selbiger Nacht
Von seinen Knechten umgebracht.

Eduard Mörike

Die traurige Krönung

Es war ein König Milesint,
Von dem will ich euch sagen:
Der meuchelte sein Bruderskind,
Wollte selbst die Krone tragen.
Die Krönung ward mit Prangen
Auf Liffey-Schloß begangen.
O Irland! Irland! warest du so blind?

Der König sitzt um Mitternacht
Im leeren Marmorsaale,
Sieht irr in all die neue Pracht,
Wie trunken von dem Mahle;
Er spricht zu seinem Sohne:
„Noch einmal bring die Krone!
Doch schau, wer hat die Pforten aufgemacht?“

Da kommt ein seltsam Totenspiel,
Ein Zug mit leisen Tritten,
Vermummte Gäste groß und viel,
Eine Krone schwankt inmitten;
Es drängt sich durch die Pforte
Mit Flüstern ohne Worte;
Dem Könige, dem wird so geisterschwül.

Und aus der schwarzen Menge blickt
Ein Kind mit frischer Wunde,
Es lächelt sterbensweh und nickt,
Es macht im Saal die Runde,
Es trippelt zu dem Throne,
Es reichet eine Krone
Dem Könige, des Herze tief erschrickt.

Darauf der Zug von dannen strich,
Von Morgenluft berauschet,
Die Kerzen flackern wunderlich,
Der Mond am Fenster lauschet;
Der Sohn mit Angst und Schweigen
Zum Vater tät sich neigen –
Er neiget über eine Leiche sich.

Theodor Fontane

John Maynard

John Maynard!
„Wer ist John Maynard?“

„John Maynard war unser Steuermann,
Aushielt er, bis er das Ufer gewann,
Er hat uns gerettet, er trägt die Kron’,
Er starb für uns, unsre Liebe sein Lohn.
John Maynard.“

*

Die „Schwalbe“ fliegt über den Eriesee,
Gischt schäumt um den Bug wie Flocken von Schnee,
Von Detroit fliegt sie nach Buffalo –

Die Herzen aber sind frei und froh,
Und die Passagiere mit Kindern und Fraun
Im Dämmerlicht schon das Ufer schaun,
Und plaudernd an John Maynard heran
Tritt alles: „Wie weit noch, Steuermann?“
Der schaut nach vorn und schaut in die Rund’:
„Noch dreißig Minuten ... Halbe Stund’.“

Alle Herzen sind froh, alle Herzen sind frei –
Da klingt’s aus dem Schiffsraum her wie Schrei,
„Feuer!“ war es, was da klang,
Ein Qualm aus Kjüt’ und Luke drang,
Ein Qualm, dann Flammen lichterloh,
Und noch zwanzig Minuten bis Buffalo.

Und die Passagiere, buntgemengt,
Am Bugspriet stehn sie zusammengedrängt,
Am Bugspriet vorn ist noch Luft und Licht,
Am Steuer aber lagert sich’s dicht,
Und ein Jammern wird laut: „Wo sind wir? wo?“
Und noch fünfzehn Minuten bis Buffalo. –

Der Zugwind wächst, doch die Qualmwolke steht,
Der Kapitän nach dem Steuer späht,
Er sieht nicht mehr seinen Steuermann,
Aber durchs Sprachrohr fragt er an:
„Noch da, John Maynard?“
„Ja, Herr. Ich bin.“
„Auf den Strand! In die Brandung!“
„Ich halte drauf hin.“
Und das Schiffsvolk jubelt: „Halt aus! Hallo!“
Und noch zehn Minuten bis Buffalo. ––

„Noch da, John Maynard?“ Und Antwort schallt’s
Mit ersterbender Stimme: „Ja, Herr, ich halt’s!“
Und in die Brandung, was Klippe, was Stein,
Jagt er die „Schwalbe“ mitten hinein.
Soll Rettung kommen, so kommt sie nur so.
Rettung: der Strand von Buffalo!

*

Das Schiff geborsten. Das Feuer verschwelt.
Gerettet alle. Nur *einer* fehlt!

*

Alle Glocken gehn; ihre Töne schwell'n
Himmelan aus Kirchen und Kapell'n,
Ein Klingen und Läuten, sonst schweigt die Stadt,
Ein Dienst nur, den sie heute hat:
Zehntausend folgen oder mehr,
Und kein Aug' im Zuge, das tränenleer.

Sie lassen den Sarg in Blumen hinab,
Mit Blumen schließen sie das Grab,
Und mit goldner Schrift in den Marmorstein
Schreibt die Stadt ihren Dankspruch ein:
„Hier ruht John Maynard! In Qualm und Brand
Hielt er das Steuer fest in der Hand,
Er hat uns gerettet, er trägt die Kron',
Er starb für uns, unsre Liebe sein Lohn.
John Maynard."

Theodor Fontane

Herr von Ribbeck auf Ribbeck im Havelland

Herr von Ribbeck auf Ribbeck im Havelland,
Ein Birnbaum in seinem Garten stand,
Und kam die goldene Herbsteszeit
Und die Birnen leuchteten weit und breit,
Da stopfte, wenn's Mittag vom Turme scholl,
Der von Ribbeck sich beide Taschen voll,
Und kam in Pantinen ein Junge daher,
So rief er: „Junge, wiste 'ne Beer?"
Und kam ein Mädel, so rief er: „Lütt Dirn,
Kumm man röwer, ick hebb 'ne Birn."

So ging es viel Jahre, bis lobesam
Der von Ribbeck auf Ribbeck zu sterben kam.
Er fühlte sein Ende. 's war Herbsteszeit,
Wieder lachten die Birnen weit und breit;
Da sagte von Ribbeck: „Ich scheide nun ab.
Legt mir eine Birne mit ins Grab."

Und drei Tage drauf, aus dem Doppeldachhaus,
Trugen von Ribbeck sie hinaus,
Alle Bauern und Büdner mit Feiergesicht
Sangen „Jesus meine Zuversicht",
Und die Kinder klagten, das Herze schwer:
„He is dod nu. Wer giwt uns nu 'ne Beer?"

So klagten die Kinder. Das war nicht recht,
Ach, sie kannten den alten Ribbeck schlecht,
Der *neue* freilich, der knausert und spart,
Hält Park und Birnbaum strenge verwahrt.
Aber der *alte,* vorahnend schon
Und voll Mißtrauen gegen den eigenen Sohn,
Der wußte genau, was damals er tat,
Als um eine Birn' ins Grab er bat,
Und im dritten Jahr aus dem stillen Haus
Ein Birnbaumsprößling sproßt heraus.

Und die Jahre gehen wohl auf und ab,
Längst wölbt sich ein Birnbaum über dem Grab,
Und in der goldenen Herbsteszeit
Leuchtet's wieder weit und breit.
Und kommt ein Jung' übern Kirchhof her,
So flüstert's im Baume: „Wiste 'ne Beer?"
Und kommt ein Mädel, so flüstert's: „Lütt Dirn,
Kumm man röwer, ick gew di 'ne Birn."

So spendet Segen noch immer die Hand
Des von Ribbeck auf Ribbeck im Havelland.

Johann Wolfgang Goethe

Der Fischer

Das Wasser rauscht', das Wasser schwoll,
Ein Fischer saß daran,
Sah nach dem Angel ruhevoll,
Kühl bis ans Herz hinan.
Und wie er sitzt und wie er lauscht,
Teilt sich die Flut empor;
Aus dem bewegten Wasser rauscht
Ein feuchtes Weib hervor.

Sie sang zu ihm, sie sprach zu ihm:
„Was lockst du meine Brut
Mit Menschenwitz und Menschenlist
Hinauf in Todesglut?
Ach wüßtest du, wie ’s Fischlein ist
So wohlig auf dem Grund,
Du stiegst herunter, wie du bist,
Und würdest erst gesund.

Labt sich die liebe Sonne nicht,
Der Mond sich nicht im Meer?
Kehrt wellenatmend ihr Gesicht
Nicht doppelt schöner her?
Lockt dich der tiefe Himmel nicht,
Das feuchtverklärte Blau?
Lockt dich dein eigen Angesicht
Nicht her in ewgen Tau?“

Das Wasser rauscht’, das Wasser schwoll,
Netzt’ ihm den nackten Fuß;
Sein Herz wuchs ihm so sehnsuchtsvoll,
Wie bei der Liebsten Gruß.
Sie sprach zu ihm, sie sang zu ihm;
Da wars um ihn geschehn:
Halb zog sie ihn, halb sank er hin,
Und ward nicht mehr gesehn.

Heinrich Heine

Ich weiß nicht, was soll es bedeuten,
Daß ich so traurig bin;
Ein Märchen aus alten Zeiten,
Das kommt mir nicht aus dem Sinn.

Die Luft ist kühl und es dunkelt,
Und ruhig fließet der Rhein;
Der Gipfel des Berges funkelt
Im Abendsonnenschein.

Die schönste Jungfrau sitzet
Dort oben wunderbar,
Ihr goldnes Geschmeide blitzet,
Sie kämmt ihr goldenes Haar.

Sie kämmt es mit goldenem Kamme,
Und singt ein Lied dabei;
Das hat eine wundersame,
Gewaltige Melodei.

Den Schiffer im kleinen Schiffe
Ergreift es mit wildem Weh;
Er schaut nicht die Felsenriffe,
Er schaut nur hinauf in die Höh.

Ich glaube, die Wellen verschlingen
Am Ende Schiffer und Kahn;
Und das hat mit ihrem Singen
  Die Lore-Ley getan.

Theodor Fontane

Die Brück' am Tay

(28. Dezember 1879)

When shall we three meet again?
Macbeth.

„Wann treffen wir drei wieder zusamm?"
  „Um die siebente Stund', am Brückendamm."
    „Am Mittelpfeiler."
                „Ich lösche die Flamm."
„Ich mit."
          „Ich komme vom Norden her."
„Und ich vom Süden."
                „Und ich vom Meer."

„Hei, das gibt einen Ringelreihn,
Und die Brücke muß in den Grund hinein."

„Und der Zug, der in die Brücke tritt
Um die siebente Stund?“
„Ei, der muß mit.“
„Muß mit.“
„Tand, Tand
Ist das Gebilde von Menschenhand!“

*

Auf der Norderseite, das Brückenhaus –
Alle Fenster sehen nach Süden aus,
Und die Brücknersleut’ ohne Rast und Ruh
Und in Bangen sehen nach Süden zu,
Sehen und warten, ob nicht ein Licht
Übers Wasser hin „Ich komme“ spricht,
„Ich komme, trotz Nacht und Sturmesflug,
Ich, der Edinburger Zug.“

Und der Brückner jetzt: „Ich seh’ einen Schein
Am anderen Ufer. Das muß er sein.
Nun, Mutter, weg mit dem bangen Traum,
Unser Johnie kommt und will seinen Baum,
Und was noch am Baume von Lichtern ist,
Zünd’ alles an wie zum heiligen Christ,
Der will heuer *zweimal* mit uns sein –
Und in elf Minuten ist er herein.“

*

Und es war der Zug. Am Südturm
Keucht er vorbei jetzt gegen den Sturm,
Und Johnie spricht: „Die Brücke noch!
Aber was tut es, wir zwingen es doch.
Ein fester Kessel, ein doppelter Dampf,
Die bleiben Sieger in solchem Kampf.
Und wie’s auch rast und ringt und rennt,
Wir kriegen es unter, das Element.

Und unser Stolz ist unsre Brück’;
Ich lache, denk ich an früher zurück,
An all den Jammer und all die Not
Mit dem elend alten Schifferboot;
Wie manche liebe Christfestnacht

Hab' ich im Fährhaus zugebracht
Und sah unsrer Fenster lichten Schein
Und zählte und konnte nicht drüben sein."

Auf der Norderseite, das Brückenhaus –
Alle Fenster sehen nach Süden aus,
Und die Brücknersleut' ohne Rast und Ruh
Und in Bangen sehen nach Süden zu;
Denn wütender wurde der Winde Spiel,
Und jetzt, als ob Feuer vom Himmel fiel',
Erglüht es in niederschießender Pracht
Überm Wasser unten ... Und wieder ist Nacht.

*

„Wann treffen wir drei wieder zusamm?"
„Um Mitternacht, am Bergeskamm."
„Auf dem hohen Moor, am Erlenstamm."
„Ich komme."
„Ich mit."
„Ich nenn' euch die Zahl."
„Und ich die Namen."
„Und ich die Qual."
„Hei!
Wie Splitter brach das Gebälk entzwei."
„Tand, Tand
Ist das Gebilde von Menschenhand."

Friedrich Schiller

Der Taucher

„Wer wagt es, Rittersmann oder Knapp,
Zu tauchen in diesen Schlund?
Einen goldnen Becher werf ich hinab,
Verschlungen schon hat ihn der schwarze Mund.
Wer mir den Becher kann wieder zeigen,
Er mag ihn behalten, er ist sein eigen."

Der König sprach es, und wirft von der Höh
Der Klippe, die schroff und steil
Hinaus hängt in die unendliche See,
Den Becher in der Charybde Geheul.
„Wer ist der Beherzte, ich frage wieder,
Zu tauchen in diese Tiefe nieder?“

Und die Ritter, die Knappen um ihn her
Vernehmens und schweigen still,
Sehen hinab in das wilde Meer,
Und keiner den Becher gewinnen will.
Und der König zum drittenmal wieder fraget:
„Ist keiner, der sich hinunterwaget?“

Doch alles noch stumm bleibt wie zuvor,
Und ein Edelknecht, sanft und keck,
Tritt aus der Knappen zagendem Chor,
Und den Gürtel wirft er, den Mantel weg,
Und alle die Männer umher und Frauen
Auf den herrlichen Jüngling verwundert schauen.

Und wie er tritt an des Felsen Hang,
Und blickt in den Schlund hinab,
Die Wasser, die sie hinunter schlang,
Die Charybde jetzt brüllend wiedergab,
Und wie mit des fernen Donners Getose
Entstürzen sie schäumend dem finstern Schoße.

Und es wallet und siedet und brauset und zischt,
Wie wenn Wasser mit Feuer sich mengt,
Bis zum Himmel spritzet der dampfende Gischt,
Und Flut auf Flut sich ohn Ende drängt,
Und will sich nimmer erschöpfen und leeren,
Als wollte das Meer noch ein Meer gebären.

Doch endlich, da legt sich die wilde Gewalt,
Und schwarz aus dem weißen Schaum
Klafft hinunter ein gähnender Spalt,
Grundlos als gings in den Höllenraum,
Und reißend sieht man die brandenden Wogen
Hinab in den strudelnden Trichter gezogen.

Jetzt schnell, eh die Brandung zurückekehrt,
Der Jüngling sich Gott befiehlt,
Und – ein Schrei des Entsetzens wird rings gehört,
Und schon hat ihn der Wirbel hinweggespült,
Und geheimnisvoll über dem kühnen Schwimmer
Schließt sich der Rachen, er zeigt sich nimmer.

Und stille wirds über dem Wasserschlund,
In der Tiefe nur brauset es hohl,
Und bebend hört man von Mund zu Mund:
„Hochherziger Jüngling, fahre wohl!"
Und hohler und hohler hört mans heulen,
Und es harrt noch mit bangem, mit schrecklichem Weilen.

Und würfst du die Krone selber hinein,
Und sprächst: „Wer mir bringet die Kron',
Er soll sie tragen und König sein",
Mich gelüstete nicht nach dem teuren Lohn.
Was die heulende Tiefe da unten verhehle,
Das erzählt keine lebende glückliche Seele.

Wohl manches Fahrzeug, vom Strudel gefaßt,
Schoß jäh in die Tiefe hinab,
Doch zerschmettert nur rangen sich Kiel und Mast
Hervor aus dem alles verschlingenden Grab.
Und heller und heller wie Sturmes Sausen
Hört mans näher und immer näher brausen.

Und es wallet und siedet und brauset und zischt,
Wie wenn Wasser mit Feuer sich mengt,
Bis zum Himmel spritzet der dampfende Gischt,
Und Well' auf Well' sich ohn Ende drängt,
Und wie mit des fernen Donners Getose
Entstürzt es brüllend dem finstern Schoße.

Und sieh! aus dem finster flutenden Schoß
Da hebet sichs schwanenweiß,
Und ein Arm und ein glänzender Nacken wird bloß
Und es rudert mit Kraft und mit emsigem Fleiß,
Und er ists, und hoch in seiner Linken
Schwingt er den Becher mit freudigem Winken.

Und atmete lang und atmete tief,
Und begrüßte das himmlische Licht.
Mit Frohlocken es einer dem andern rief,
„Er lebt! Er ist da! es behielt ihn nicht!
Aus dem Grab, aus der strudelnden Wasserhöhle
Hat der Brave gerettet die lebende Seele.“

Und er kommt, es umringt ihn die jubelnde Schar,
Zu des Königs Füßen er sinkt,
Den Becher reicht er ihm kniend dar,
Und der König der lieblichen Tochter winkt,
Die füllt ihn mit funkelndem Wein bis zum Rande,
Und der Jüngling sich also zum König wandte:

„Lang lebe der König! Es freue sich,
Wer da atmet im rosichten Licht.
Da unten aber ists fürchterlich,
Und der Mensch versuche die Götter nicht,
Und begehre nimmer und nimmer zu schauen
Was sie gnädig bedecken mit Nacht und Grauen.

Es riß mich hinunter blitzesschnell,
Da stürzt' mir aus felsichtem Schacht,
Wildflutend entgegen ein reißender Quell,
Mich packte des Doppelstroms wütende Macht,
Und wie einen Kreisel mit schwindelndem Drehen,
Trieb michs um, ich konnte nicht widerstehen.

Da zeigte mir Gott, zu dem ich rief,
In der höchsten schrecklichen Not,
Aus der Tiefe ragend ein Felsenriff,
Das erfaßt' ich behend und entrann dem Tod,
Und da hing auch der Becher an spitzen Korallen,
Sonst wär er ins Bodenlose gefallen.

Denn unter mir lags noch, bergetief,
In purpurner Finsternis da,
Und obs hier dem Ohre gleich ewig schlief,
Das Auge mit Schaudern hinuntersah,
Wies von Salamandern und Molchen und Drachen
Sich regt in dem furchtbaren Höllenrachen.

Schwarz wimmelten da, in grausem Gemisch
Zu scheußlichen Klumpen geballt,
Der stachligte Roche, der Klippenfisch,
Des Hammers greuliche Ungestalt,
Und dräuend wies mir die grimmigen Zähne
Der entsetzliche Hai, des Meeres Hyäne.

Und da hing ich und wars mir mit Grausen bewußt,
Von der menschlichen Hilfe so weit.
Unter Larven die einzige fühlende Brust,
Allein in der gräßlichen Einsamkeit,
Tief unter dem Schall der menschlichen Rede
Bei den Ungeheuern der traurigen Öde.

Und schaudernd dacht ichs, da krochs heran,
Regte hundert Gelenke zugleich,
Will schnappen nach mir, in des Schreckens Wahn
Laß ich los der Koralle umklammerten Zweig,
Gleich faßt mich der Strudel mit rasendem Toben,
Doch es war mir zum Heil, er riß mich nach oben."

Der König darob sich verwundert schier,
Und spricht: „Der Becher ist dein,
Und diesen Ring noch bestimm ich dir,
Geschmückt mit dem köstlichsten Edelgestein,
Versuchst dus noch einmal und bringst mir Kunde,
Was du sahst auf des Meeres tiefunterstem Grunde."

Das hörte die Tochter mit weichem Gefühl,
Und mit schmeichelndem Munde sie fleht:
„Laßt, Vater, genug sein das grausame Spiel,
Er hat Euch bestanden, was keiner besteht,
Und könnt Ihr des Herzens Gelüsten nicht zähmen,
So mögen die Ritter den Knappen beschämen."

Drauf der König greift nach dem Becher schnell,
In den Strudel ihn schleudert hinein,
„Und schaffst du den Becher mir wieder zur Stell,
So sollst du der trefflichste Ritter mir sein,
Und sollst sie als Ehgemahl heut noch umarmen,
Die jetzt für dich bittet mit zartem Erbarmen."

Da ergreifts ihm die Seele mit Himmelsgewalt,
Und es blitzt aus den Augen ihm kühn,
Und er siehet erröten die schöne Gestalt,
Und sieht sie erbleichen und sinken hin,
Da treibts ihn, den köstlichen Preis zu erwerben,
Und stürzt hinunter auf Leben und Sterben.

Wohl hört man die Brandung, wohl kehrt sie zurück,
Sie verkündigt der donnernde Schall,
Da bückt sichs hinunter mit liebendem Blick,
Es kommen, es kommen die Wasser all,
Sie rauschen herauf, sie rauschen nieder,
Den Jüngling bringt keines wieder.

Johann Wolfgang Goethe

Erlkönig

Wer reitet so spät durch Nacht und Wind?
Es ist der Vater mit seinem Kind;
Er hat den Knaben wohl in dem Arm,
Er faßt ihn sicher, er hält ihn warm.

Mein Sohn, was birgst du so bang dein Gesicht? –
Siehst, Vater, du den Erlkönig nicht?
Den Erlenkönig mit Kron und Schweif? –
Mein Sohn, es ist ein Nebelstreif. –

„Du liebes Kind, komm, geh mit mir!
Gar schöne Spiele spiel ich mit dir;
Manch bunte Blumen sind an dem Strand,
Meine Mutter hat manch gülden Gewand."

Mein Vater, mein Vater, und hörest du nicht,
Was Erlenkönig mir leise verspricht? –
Sei ruhig, bleibe ruhig, mein Kind;
In dürren Blättern säuselt der Wind. –

„Willst, feiner Knabe, du mit mir gehn?
Meine Töchter sollen dich warten schön;
Meine Töchter führen den nächtlichen Reihn
Und wiegen und tanzen und singen dich ein."

Mein Vater, mein Vater, und siehst du nicht dort
Erlkönigs Töchter am düstern Ort? –
Mein Sohn, mein Sohn, ich seh es genau:
Es scheinen die alten Weiden so grau. –

„Ich liebe dich, mich reizt deine schöne Gestalt;
Und bist du nicht willig, so brauch ich Gewalt.“
Mein Vater, mein Vater, jetzt faßt er mich an!
Erlkönig hat mir ein Leids getan! –

Dem Vater grauset's, er reitet geschwind,
Er hält in Armen das ächzende Kind,
Erreicht den Hof mit Mühe und Not;
In seinen Armen das Kind war tot.

Annette von Droste-Hülshoff

Der Knabe im Moor

O schaurig ist's übers Moor zu gehn,
Wenn es wimmelt vom Heiderauche,
Sich wie Phantome die Dünste drehn
Und die Ranke häkelt am Strauche,
Unter jedem Tritte ein Quellchen springt,
Wenn aus der Spalte es zischt und singt,
O schaurig ist's übers Moor zu gehn,
Wenn das Röhricht knistert im Hauche!

Fest hält die Fibel das zitternde Kind
Und rennt, als ob man es jage;
Hohl über die Fläche sauset der Wind –
Was raschelt drüben am Hage?
Das ist der gespenstische Gräberknecht,
Der dem Meister die besten Torfe verzecht;
Hu, hu, es bricht wie ein irres Rind!
Hinducket das Knäblein zage.

Vom Ufer starret Gestumpf hervor,
Unheimlich nicket die Föhre,
Der Knabe rennt, gespannt das Ohr,
Durch Riesenhalme wie Speere;

Und wie es rieselt und knittert darin!
Das ist die unselige Spinnerin,
Das ist die gebannte Spinnlenor',
Die den Haspel dreht im Geröhre!

Voran, voran! nur immer im Lauf,
Voran, als woll es ihn holen!
Vor seinem Fuße brodelt es auf,
Es pfeift ihm unter den Sohlen
Wie eine gespenstige Melodei;
Das ist der Geigemann ungetreu,
Das ist der diebische Fiedler Knauf,
Der den Hochzeitheller gestohlen!

Da birst das Moor, ein Seufzer geht
Hervor aus der klaffenden Höhle;
Weh, weh, da ruft die verdammte Margret:
„Ho, ho, meine arme Seele!"
Der Knabe springt wie ein wundes Reh;
Wär nicht Schutzengel in seiner Näh,
Seine bleichenden Knöchelchen fände spät
Ein Gräber im Moorgeschwele.

Da mählich gründet der Boden sich,
Und drüben, neben der Weide,
Die Lampe flimmert so heimatlich,
Der Knabe steht an der Scheide.
Tief atmet er auf, zum Moor zurück
Noch immer wirft er den scheuen Blick:
Ja, im Geröhre war's fürchterlich,
O schaurig war's in der Heide!

Johann Wolfgang Goethe

Der Totentanz

Der Türmer, der schaut zu Mitten der Nacht
Hinab auf die Gräber in Lage;
Der Mond, der hat alles ins Helle gebracht;
Der Kirchhof, er liegt wie am Tage.
Da regt sich ein Grab und ein anderes dann:
Sie kommen hervor, ein Weib da, ein Mann,
In weißen und schleppenden Hemden.

Das reckt nun, es will sich ergetzen sogleich,
Die Knöchel zur Runde, zum Kranze,
So arm und so jung, und so alt und so reich;
Doch hindern die Schleppen am Tanze.
Und weil hier die Scham nun nicht weiter gebeut,
Sie schütteln sich alle, da liegen zerstreut
Die Hemdelein über den Hügeln.

Nun hebt sich der Schenkel, nun wackelt das Bein,
Gebärden da gibt es vertrackte;
Dann klipperts und klapperts mitunter hinein,
Als schlüg man die Hölzlein zum Takte.
Das kommt nun dem Türmer so lächerlich vor;
Da raunt ihm der Schalk, der Versucher, ins Ohr:
Geh! hole dir einen der Laken!

Getan wie gedacht! und er flüchtet sich schnell
Nun hinter geheiligte Türen.
Der Mond und noch immer er scheinet so hell
Zum Tanz, den sie schauderlich führen.
Doch endlich verlieret sich dieser und der,
Schleicht eins nach dem andern gekleidet einher
Und husch ist es unter dem Rasen.

Nur einer, der trippelt und stolpert zuletzt
Und tappet und grapst an den Grüften;
Doch hat kein Geselle so schwer ihn verletzt;
Er wittert das Tuch in den Lüften.
Er rüttelt die Turmtür, sie schlägt ihn zurück,
Geziert und gesegnet, dem Türmer zum Glück,
Sie blinkt von metallenen Kreuzen.

Das Hemd muß er haben, da rastet er nicht,
Da gilt auch kein langes Besinnen,
Den gotischen Zierat ergreift nun der Wicht
Und klettert von Zinne zu Zinnen.
Nun ists um den armen, den Türmer getan!
Es ruckt sich von Schnörkel zu Schnörkel hinan,
Langbeinigen Spinnen vergleichbar.

Der Türmer erbleichet, der Türmer erbebt,
Gern gäb er ihn wieder, den Laken.
Da häkelt – jetzt hat er am längsten gelebt –
Den Zipfel ein eiserner Zacken.
Schon trübet der Mond sich verschwindenden Scheins,
Die Glocke, sie donnert ein mächtiges Eins,
Und unten zerschellt das Gerippe.

Johann Wolfgang Goethe

Der Zauberlehrling

Hat der alte Hexenmeister
Sich doch einmal wegbegeben!
Und nun sollen seine Geister
Auch nach meinem Willen leben.
Seine Wort' und Werke
Merkt ich und den Brauch,
Und mit Geistesstärke
Tu ich Wunder auch.

Walle! walle
Manche Strecke,
Daß, zum Zwecke,
Wasser fließe
Und mit reichem, vollem Schwalle
Zu dem Bade sich ergieße.

Und nun komm, du alter Besen!
Nimm die schlechten Lumpenhüllen!
Bist schon lange Knecht gewesen;
Nun erfülle meinen Willen!
Auf zwei Beinen stehe,
Oben sei ein Kopf,
Eile nun und gehe
Mit dem Wassertopf!

Walle! walle
Manche Strecke,
Daß, zum Zwecke,
Wasser fließe
Und mit reichem, vollem Schwalle
Zu dem Bade sich ergieße.

Seht, er läuft zum Ufer nieder,
Wahrlich! ist schon an dem Flusse,
Und mit Blitzesschnelle wieder
Ist er hier mit raschem Gusse.
Schon zum zweiten Male!
Wie das Becken schwillt!
Wie sich jede Schale
Voll mit Wasser füllt!

Stehe! Stehe!
Denn wir haben
Deiner Gaben
Vollgemessen! –
Ach, ich merk es! Wehe! wehe!
Hab ich doch das Wort vergessen!

Ach, das Wort, worauf am Ende
Er das wird, was er gewesen.
Ach, er läuft und bringt behende!
Wärst du doch der alte Besen!
Immer neue Güsse
Bringt er schnell herein,
Ach! und hundert Flüsse
Stürzen auf mich ein.

Nein, nicht länger
Kann ichs lassen;
Will ihn fassen.
Das ist Tücke!
Ach! nun wird mir immer bänger!
Welche Miene! welche Blicke!

O, du Ausgeburt der Hölle!
Soll das ganze Haus ersaufen?
Seh ich über jede Schwelle
Doch schon Wasserströme laufen.
Ein verruchter Besen,
Der nicht hören will!
Stock, der du gewesen,
Steh doch wieder still!

Willst's am Ende
Gar nicht lassen?
Will dich fassen,
Will dich halten
Und das alte Holz behende
Mit dem scharfen Beile spalten.

Seht, da kommt er schleppend wieder!
Wie ich mich nur auf dich werfe,
Gleich, o Kobold, liegst du nieder;
Krachend trifft die glatte Schärfe.
Wahrlich! brav getroffen!
Seht, er ist entzwei!
Und nun kann ich hoffen,
Und ich atme frei!

Wehe! wehe!
Beide Teile
Stehn in Eile
Schon als Knechte
Völlig fertig in die Höhe!
Helft mir, ach! ihr hohen Mächte!

Und sie laufen! Naß und nässer
Wird's im Saal und auf den Stufen.

Welch entsetzliches Gewässer!
Herr und Meister! hör mich rufen! –
Ach, da kommt der Meister!
Herr, die Not ist groß!
Die ich rief, die Geister,
Werd ich nun nicht los.

„In die Ecke,
Besen! Besen!
Seid's gewesen.
Denn als Geister
Ruft euch nur, zu diesem Zwecke,
Erst hervor der alte Meister."

Eduard Mörike

Der Feuerreiter

Sehet ihr am Fensterlein
Dort die rote Mütze wieder?
Nicht geheuer muß es sein,
Denn er geht schon auf und nieder.
Und auf einmal welch Gewühle
Bei der Brücke, nach dem Feld!
Horch! Das Feuerglöcklein gellt:
Hinterm Berg,
Hinterm Berg
Brennt es in der Mühle!

Schaut! Da sprengt er wütend schier
Durch das Tor, der Feuerreiter,
Auf dem rippendürren Tier,
Als auf einer Feuerleiter!
Querfeldein! Durch Qualm und Schwüle
Rennt er schon und ist am Ort!
Drüben schallt es fort und fort:
Hinterm Berg,
Hinterm Berg
Brennt es in der Mühle!

Der so oft den roten Hahn
Meilenweit von fern gerochen,
Mit des heilgen Kreuzes Span
Freventlich die Glut besprochen –
Weh! dir grinst vom Dachgestühle
Dort der Feind im Höllenschein.
Gnade Gott der Seele dein!
  Hinterm Berg,
  Hinterm Berg
Rast er in der Mühle!

Keine Stunde hielt es an,
Bis die Mühle borst in Trümmer;
Doch den kecken Reitersmann
Sah man von der Stunde nimmer.
Volk und Wagen im Gewühle
Kehren heim von all dem Graus;
Auch das Glöcklein klinget aus:
  Hinterm Berg,
  Hinterm Berg
Brennt's! –

Nach der Zeit ein Müller fand
Ein Gerippe samt der Mützen
Aufrecht an der Kellerwand
Auf der beinern Mähre sitzen:
Feuerreiter, wie so kühle
Reitest du in deinem Grab!
Husch! da fällt's in Asche ab.
  Ruhe wohl,
  Ruhe wohl
Drunten in der Mühle!

Johann Wolfgang Goethe

Hochzeitlied

Wir singen und sagen vom Grafen so gern,
Der hier in dem Schlosse gehauset,
Da, wo ihr den Enkel des seligen Herrn,
Den heute vermählten, beschmauset.
Nun hatte sich jener im heiligen Krieg
Zu Ehren gestritten durch mannigen Sieg,
Und als er zu Hause vom Rösselein stieg,
Da fand er sein Schlösselein oben,
Doch Diener und Habe zerstoben.

Da bist du nun, Gräflein, da bist du zu Haus,
Das Heimische findest du schlimmer!
Zum Fenster da ziehen die Winde hinaus,
Sie kommen durch alle die Zimmer.
Was wäre zu tun in der herbstlichen Nacht?
So hab ich doch manche noch schlimmer vollbracht,
Der Morgen hat alles wohl besser gemacht.
Drum rasch bei der mondlichen Helle
Ins Bett, in das Stroh, ins Gestelle!

Und als er im willigen Schlummer so lag,
Bewegt es sich unter dem Bette.
Die Ratte, die raschle, solange sie mag!
Ja, wenn sie ein Bröselein hätte!
Doch siehe! da stehet ein winziger Wicht,
Ein Zwerglein so zierlich mit Ampelen-Licht,
Mit Rednergebärden und Sprecher-Gewicht,
Zum Fuß des ermüdeten Grafen,
Der, schläft er nicht, möcht er doch schlafen.

„Wir haben uns Feste hier oben erlaubt,
Seitdem du die Zimmer verlassen,
Und weil wir dich weit in der Ferne geglaubt,
So dachten wir eben zu prassen.
Und wenn du vergönnest und wenn dir nicht graut,
So schmausen die Zwerge, behaglich und laut,
Zu Ehren der reichen, der niedlichen Braut."
Der Graf im Behagen des Traumes:
„Bedienet euch immer des Raumes!"

Da kommen drei Reiter, sie reiten hervor,
Die unter dem Bette gehalten;
Dann folget ein singendes klingendes Chor
Possierlicher kleiner Gestalten;
Und Wagen auf Wagen mit allem Gerät,
Daß einem so Hören als Sehen vergeht,
Wies nur in den Schlössern der Könige steht;
Zuletzt auf vergoldetem Wagen
Die Braut und die Gäste getragen.

So rennet nun alles in vollem Galopp
Und kürt sich im Saale sein Plätzchen,
Zum Drehen und Walzen und lustigen Hopp
Erkieset sich jeder ein Schätzchen.
Da pfeift es und geigt es und klinget und klirrt,
Da ringelts und schleift es und rauschet und wirrt,
Da pisperts und knisterts und flisterts und schwirrt:
Das Gräflein, es blicket hinüber,
Es dünkt ihn, als läg er im Fieber.

Nun dappelts und rappelts und klapperts im Saal
Von Bänken und Stühlen und Tischen,
Da will nun ein jeder am festlichen Mahl
Sich neben dem Liebchen erfrischen;
Sie tragen die Würste, die Schinken so klein
Und Braten und Fisch und Geflügel herein,
Es kreiset beständig der köstliche Wein:
Das toset und koset so lange,
Verschwindet zuletzt mit Gesange.

Und sollen wir singen, was weiter geschehn,
So schweige das Toben und Tosen.
Denn was er so artig im kleinen gesehn,
Erfuhr er, genoß er im großen.
Trompeten und klingender singender Schall
Und Wagen und Reiter und bräutlicher Schwall,
Sie kommen und zeigen und neigen sich all,
Unzählige, selige Leute.
So ging es und geht es noch heute.

August Kopisch

Die Heinzelmännchen

Wie war zu Köln es doch vordem
Mit Heinzelmännchen so bequem!
Denn, war man faul, ... man legte sich
Hin auf die Bank und pflegte sich:
  Da kamen bei Nacht,
  Ehe mans gedacht,
  Die Männlein und schwärmten
  Und klappten und lärmten,
  Und rupften
  Und zupften,
  Und hüpften und trabten
  Und putzten und schabten ...
Und eh ein Faulpelz noch erwacht, ...
War all sein Tagewerk ... bereits gemacht!

Die Zimmerleute streckten sich
Hin auf die Spän' und reckten sich.
Indessen kam die Geisterschar
Und sah, was da zu zimmern war.
  Nahm Meißel und Beil
  Und die Säg' in Eil';
  Sie sägten und stachen
  Sie hieben und brachen,
  Berappten
  Und kappten,
  Visierten wie Falken
  Und setzten die Balken ...
Eh sichs der Zimmermann versah ...
Klapp, stand das ganze Haus ... schon fertig da!

Beim Bäckermeister war nicht Not,
Die Heinzelmännchen backten Brot.
Die faulen Burschen legten sich,
Die Heinzelmännchen regten sich –
  Und ächzten daher
  Mit den Säcken schwer!
  Und kneteten tüchtig
  Und wogen es richtig,

Und hoben
Und schoben,
Und fegten und backten
Und klopften und hackten.
Die Burschen schnarchten noch im Chor:
Da rückte schon das Brot, ... das neue, vor!

Beim Fleischer ging es just so zu:
Gesell und Bursche lag in Ruh.
Indessen kamen die Männlein her
Und hackten das Schwein die Kreuz und Quer.
Das ging so geschwind
Wie die Mühl' im Wind!
Die klappten mit Beilen,
Die schnitzten an Speilen,
Die spülten,
Die wühlten,
Und mengten und mischten
Und stopften und wischten.
Tat der Gesell die Augen auf ...
Wapp! hing die Wurst da schon im Ausverkauf!

Beim Schenken war es so: es trank
Der Küfer bis er niedersank,
Am hohlen Fasse schlief er ein,
Die Männlein sorgten um den Wein,
Und schwefelten fein
Alle Fässer ein,
Und rollten und hoben
Mit Winden und Kloben,
Und schwenkten
Und senkten,
Und gossen und panschten
Und mengten und manschten.
Und eh' der Küfer noch erwacht,
War schon der Wein geschönt und fein gemacht!

Einst hatt' ein Schneider große Pein:
Der Staatsrock sollte fertig sein;
Warf hin das Zeug und legte sich
Hin auf das Ohr und pflegte sich.

Da schlüpften sie frisch
In den Schneidertisch;
Da schnitten und rückten
Und nähten und stickten
Und faßten
Und paßten,
Und strichen und guckten
Und zupften und ruckten,
Und eh mein Schneiderlein erwacht:
War Bürgermeisters Rock ... bereits gemacht!

Neugierig war des Schneiders Weib,
Und macht sich diesen Zeitvertreib:
Streut Erbsen hin die andre Nacht,
Die Heinzelmännchen kommen sacht:
Eins fähret nun aus,
Schlägt hin im Haus,
Die gleiten von Stufen
Und plumpen in Kufen,
Die fallen
Mit Schallen,
Die lärmen und schreien
Und vermaledeien!
Sie springt hinunter auf den Schall
Mit Licht: husch husch husch husch! – verschwinden all!

O weh! nun sind sie alle fort
Und keines ist mehr hier am Ort!
Man kann nicht mehr wie sonsten ruhn,
Man muß nun alles selber tun!
Ein jeder muß fein
Selbst fleißig sein,
Und kratzen und schaben
Und rennen und traben,
Und schniegeln
Und bügeln
Und klopfen und hacken
Und kochen und backen.
Ach, daß es noch wie damals wär!
Doch kommt die schöne Zeit nicht wieder her!

Volkslied

Das bucklicht Männlein

Will ich in mein Gärtlein gehn,
will mein' Zwiebeln gießen,
steht ein bucklicht Männlein da,
fängt als an zu niesen.

Will ich in mein Küchel gehn,
will mein Süpplein kochen,
steht ein bucklicht Männlein da,
hat mein Töpflein brochen.

Will ich in mein Stüblein gehn,
will mein Müslein essen,
steht ein bucklicht Männlein da,
hat's schon halber gessen.

Will ich auf mein Boden gehn,
will mein Hölzlein holen,
steht ein bucklicht Männlein da,
hat's mir halber g'stohlen.

Will ich in mein Keller gehn,
will mein Weinlein zapfen,
steht ein bucklicht Männlein da,
tut mir 'n Krug wegschnappen.

Setz' ich mich ans Rädlein hin,
will mein Fädlein drehen,
steht ein bucklicht Männlein da,
läßt mir's Rad nicht gehen.

Geh' ich in mein Kämmerlein,
will mein Bettlein machen,
steht ein bucklicht Männlein da,
fängt als an zu lachen.

Wenn ich an mei'm Bänklein knie,
will ein bißlein beten,

steht ein bucklicht Männlein da,
fängt als an zu reden:

„Liebes Kindlein, ach, ich bitt',
bet' fürs bucklicht Männlein mit!"

Conrad Ferdinand Meyer

Fingerhütchen

Liebe Kinder, wißt ihr, wo
Fingerhut zu Hause?
Tief im Tal von Acherloo
Hat er Herd und Klause;
Aber schon in jungen Tagen
Muß er einen Höcker tragen,
Geht er, wunderlicher nie
Wallte man auf Erden!
Sitzt er, staunen Kinn und Knie,
Daß sie Nachbarn werden.

Körbe flicht aus Binsen er,
Früh und spät sich regend,
Trägt sie zum Verkauf umher
In der ganzen Gegend,
Und er gäbe sich zufrieden,
Wär' er nicht im Volk gemieden;
Denn man zischelt mancherlei:
Daß ein Hexenmeister,
Daß er kräuterkundig sei
Und im Bund der Geister.

Solches ist die Wahrheit nicht,
Ist ein leeres Meinen,
Doch das Volk im Dämmerlicht
Schaudert vor dem Kleinen.
So die Jungen wie die Alten
Weichen aus dem Ungestalten –
Doch vorüber wohlgemut
Auf des Schusters Räppchen

Trabt er. Blauer Fingerhut
Nickt von seinem Käppchen.

Einmal geht er heim bei Nacht
Nach des Tages Lasten,
Hat den halben Weg gemacht,
Darf ein bißchen rasten,
Setzt sich und den Korb daneben,
Schimmernd hebt der Mond sich eben:
Fingerhut ist gar nicht bang,
Ihm ist gar nicht schaurig,
Nur daß noch der Weg so lang,
Macht den Kleinen traurig.

Etwas hört er klingen fein –
Nicht mit rechten Dingen,
Mitten aus dem grünen Rain
Ein melodisch Singen:
„Silberfähre, gleitest leise“ –
Schon verstummt die kurze Weise.
Fingerhütchen spähet scharf
Und kann nichts entdecken,
Aber was es hören darf,
Ist nicht zum Erschrecken.

Wieder hebt das Liedchen an
Unter Busch und Hecken,
Doch es bleibt der Reimgespan
Stets im Hügel stecken.
„Silberfähre gleitest leise“ –
Wiederum verstummt die Weise.
Lieblich ist, doch einerlei
Der Gesang der Elfen,
Fingerhütchen fällt es bei,
Ihnen einzuhelfen.

Fingerhütchen lauert still
Auf der Töne Leiter,
Wie das Liedchen enden will,
Führt er leicht es weiter:
„Silberfähre gleitest leise“
— „Ohne Ruder, ohne Gleise.“

Aus dem Hügel ruft's empor:
„Das ist dir gelungen!"
Unterm Boden kommt hervor
Kleines Volk gesprungen.

„Fingerhütchen, Fingerhut",
Lärmt die tolle Runde,
„Faß dir einen frischen Mut!
Günstig ist die Stunde!
Silberfähre, gleitest leise
Ohne Ruder, ohne Gleise!
Dieses hast du brav gemacht,
Lernet es, ihr Sänger!
Wie du es zustand gebracht,
Hübscher ist's und länger!

Zeig dich einmal, schöner Mann!
Laß dich einmal sehen:
Vorn zuerst und hinten dann!
Laß dich einmal drehen!
Weh! Was müssen wir erblicken!
Fingerhütchen, welch ein Rücken!
Auf der Schulter, liebe Zeit,
Trägst du grause Bürde!
Ohne hübsche Lieblichkeit
Was ist Geisteswürde?

Eine ganze Stirn voll
Glücklicher Gedanken,
Unter einem Höcker soll
Länger nicht sie schwanken!
Strecket euch, verkrümmte Glieder!
Garst'ger Buckel, purzle nieder!
Fingerhut nun bist du grad,
Deines Fehls genesen!
Heil zum schlanken Rückengrat!
Heil zum neuen Wesen!"

Plötzlich steckt der Elfenchor
Wieder tief im Raine,
Aus dem Hügelrund empor
Tönt's im Mondenscheine:

„Silberfähre gleitest leise
Ohne Ruder, ohne Gleise."
Fingerhütchen wird es satt,
Wäre gern daheime,
Er entschlummert laß und matt
An dem eignen Reime.

Schlummert eine ganze Nacht
Auf derselben Stelle,
Wie er endlich auferwacht,
Scheint die Sonne helle;
Kühe weiden, Schafe grasen
Auf des Elfenhügels Rasen.
Fingerhut ist bald bekannt,
Läßt die Blicke schweifen,
Sachte dreht er dann die Hand,
Hinter sich zu greifen.

Ist ihm Heil im Traum geschehn?
Ist das Heil die Wahrheit?
Wird das Elfenwort bestehn
Vor des Tages Klarheit?
Und er tastet, tastet, tastet:
Unbebürdet! Unbelastet!
„Jetzt bin ich ein grader Mann!"
Jauchzt er ohne Ende,
Wie ein Hirschlein jagt er dann
Über Feld behende.

Fingerhut steht plötzlich still,
Tastet leicht und leise,
Ob er wieder wachsen will?
Nein, in keiner Weise!
Selig preist er Nacht und Stunde,
Da er sang im Geisterbunde –
Fingerhütchen wandelt schlank,
Gleich als hätt' er Flügel,
Seit er schlummernd niedersank
Nachts am Elfenhügel.

Verzeichnis der Gedichtanfänge

Die Autoren und ihre Beiträge

Quellenverzeichnis

Aichinger, Ilse
Wo ich wohne. Frankfurt a. M. 1963

Arndt, Ernst Moritz
Gedichte. Berlin 1865

Arp, Hans
Mondsand, Pfullingen 1960

Artmann, H. C.
ein lilienweißer brief aus Lincolnshire. gedichte aus 21 jahren. Frankfurt a. M. 1969

Astel, Arnfrid
Kläranlage. 100 neue Epigramme. München 1970

Ausländer, Rose
Gesammelte Gedichte. Köln 1977

Bachmann, Ingeborg
Gedichte, Erzählungen, Hörspiele, Essays. München 1964

Bächler, Wolfgang
Ausbrechen. Gedichte aus 30 Jahren. Frankfurt a. M. 1976

Bartsch, Kurt
Zugluft. Gedichte, Sprüche, Parodien. Berlin, Weimar 1968

Becher, Johannes R.
Auswahl in sechs Bänden. Dichtung, 2. Teil. Berlin (DDR) 1952

Becker, Jürgen
Erzähl mir nichts vom Krieg. Gedichte. Frankfurt a. M. 1977

Bender, Hans
Lyrische Biographie. Wuppertal 1957

Benn, Gottfried
Gesammelte Werke. Bd. 3. Stuttgart 1982

Bergengruen, Werner
Figur und Schatten. München 1958

Bienek, Horst
Was war was ist. Gedichte. München 1966

Biermann, Wolf
S. 137: Mit Marx- und Engelszungen. Gedichte, Balladen, Lieder. Berlin 1968 – S. 154: Die Drahtharfe. Balladen, Gedichte, Lieder. Berlin 1965

Bobrowski, Johannes
Schattenland Ströme. Gedichte. Stuttgart 1962

Boldt, Paul
Junge Pferde! Junge Pferde! Das Gesamtwerk. Freiburg i. Br. 1979

Bonhoeffer, Dietrich
An den Wind geschrieben. Lyrik der Freiheit. Darmstadt 1960

Born, Nicolas
Gedichte 1967–1978. Reinbek b. Hamburg 1978

Brambach, Rainer
Wirf eine Münze auf. Zürich 1977

Brecht, Bertolt
Die Gedichte von Bertolt Brecht in einem Band. Frankfurt a. M. 1981

Brentano, Clemens
Werke. Bd. 1, hg. von W. Frühwald, B. Gajek, F. Kemp. München 1968

Brinkmann, Rolf Dieter
Westwärts 1 und 2. Gedichte. Reinbek b. Hamburg 1975

Britting, Georg
Gesamtausgabe in Einzelbänden. Bd. 1, Gedichte 1919–1939. München 1957

Bürger, Gottfried August
Werke. Weimar 1956
Busch, Wilhelm
Gesamtausgabe, hg. von O. Nöldeke. München [4]1958
Busta, Christine
Der Regenbaum. Wien 1951

Celan, Paul
Mohn und Gedächtnis. Stuttgart 1952
Chamisso, Adelbert von
Chamissos Werke in einem Band. Berlin, Weimar 1967
Claudius, Matthias
Werke, hg. von U. Roedl. Stuttgart [7]1966

Dach, Simon
Gedichte, hg. von W. Ziesemer. Halle a. d. Saale 1936
Degenhardt, Franz Josef
Spiel nicht mit den Schmuddelkindern. Balladen, Chansons, Grotesken, Lieder. Hamburg 1967
Dehmel, Richard
Gesammelte Werke. Berlin 1913
Deppert, Fritz
Atemholen. Rastatt 1974
Droste-Hülshoff, Annette von
Sämtliche Werke, hg. C. Heselhaus. München 1952

Eich, Günter
Gesammelte Werke. Bd. 1, hg. von H. Ohde u. S. Müller-Hanpft. Frankfurt a. M. 1973
Eichendorff, Joseph von
Werke, hg. von G. Baumann. Stuttgart 1953
Engelke, Gerrit
Das Gesamtwerk. München 1960
Enzensberger, Hans Magnus
S. 39: Landessprache. Frankfurt a. M. 1960 – S. 153: Verteidigung der Wölfe. Frankfurt a. M. 1957

Fels, Ludwig
Anläufe. Darmstadt, Neuwied 1973
Fleming, Paul
Deutsche Gedichte, hg. von J. M. Lappenberg. Stuttgart 1865 (= Bibl. d. Lit. Vereins Stuttgart 1843 ff.)
Fontane, Theodor
Sämtliche Werke. Bd. 20, Balladen und Gedichte, hg. von E. Groß u. K. Schreinert. München 1962
Freiligrath, Ferdinand
Werke. Leipzig, Wien o. J.
Fried, Erich
S. 56: Und Vietnam und. Berlin 1966 – S. 139: Lebensschatten. Gedichte. Berlin 1981 – S. 151: Gedichte. Hamburg, Düsseldorf 1958
Fritz, Walter Helmut
Veränderte Jahre. Gedichte. Stuttgart 1963
Fuchs, Günter Bruno
S. 16, 86, 166: „Das Lesebuch der Günter Bruno Fuchs“. München 1970 – S. 86: Handbuch für Einwohner. München 1969

George, Stefan
Werke. Bd. 1. München [2]1968
Gerhardt, Paul
Dichtungen und Schriften, hg. von E. v. Cranach-Sichart. München 1957
Goethe, Johann Wolfgang
Sämtliche Werke. Jubiläums-Ausgabe. Stuttgart o. J.

Goll, Claire
Ivan und Claire Goll, Die Antirose. Wiesbaden 1967
Goll, Ivan
S. 78: Ivan und Claire Goll, Die Antirose. Wiesbaden 1967 – S. 131: Dichtungen, hg. von C. Goll. Neuwied 1960
Gomringer, Eugen
Worte sind Schatten. Die Konstellation 1951 bis 1968, hg. von H. Heißenbüttel. Reinbek b. Hamburg 1969
Grillparzer, Franz
Werke, hg. von A. Sauer. Wien 1909 ff.
Gross, Walter
Akzente, H. 4, 1963
Groth, Klaus
Sämtliche Werke, hg. von I. Braak u. R. Mehlen. Flensburg o. J.
Gryphius, Andreas
Freuden- und Trauer-Spiele, auch Oden und Sonette. Breslau 1663
Günther, Johann Christian
Sämtliche Werke. Historisch-kritische Ausgabe, hg. von R. M. Werner, Berlin 1904

Hacks, Peter
Der Flohmarkt. Gedichte für Kinder. Berlin o. J.
Härtling, Peter
Vorwarnung. Gedichte. Darmstadt, Neuwied 1983
Hauptmann, Gerhart
Sämtliche Werke. Centenar-Ausg. in 10 Bdn., hg. von H.-E. Hass. Bd. 4. Berlin 1964
Hebbel, Friedrich
Werke, hg. von F. Zinkernagel. Leipzig o. J.
Heine, Heinrich
Sämtliche Schriften, hg. von K. Briegleb. München 1968 ff.
Heißenbüttel, Helmut
Textbuch. Freiburg 1960
Henckell, Karl
Gedichte 1882–1898. Zürich, Leipzig 1898
Hermlin, Stephan
Gedichte und Prosa. Berlin 1965
Herrmann-Neisse, Max
Eine Auswahl. Wiesbaden 1951
Hesse, Hermann
Gesammelte Schriften. Bd. 5. Frankfurt a. M. 1952
Heym, Georg
Dichtungen und Schriften. Gesamtausgabe, hg. von K. L. Schneider. Bd. 1. München 1964
Hölderlin, Friedrich
Sämtliche Werke, hg. von F. Beißner. Bd. 1, 2. Berlin 1959 (= Kleine Stuttgarter Ausgabe)
Höllerer, Walter
Der andere Gast. München 1952
Hölty, Ludwig Christoph Heinrich
Sämtliche Werke, hg. von W. Michael. Weimar 1914
Hoffmann von Fallersleben, August Heinrich
Gedichte und Lieder, hg. von H. Wendebourg u. A. Gebert. Hamburg 1974
Hofmann von Hofmannswaldau, Christian
Herrn von Hofmannswaldau und andrer Deutschen auserlesene und bisher ungedruckte Gedichte, nach einem Druck vom Jahre 1697 hg. von A. G. de Capua u. E. A. Philippson. Tübingen 1961
Hofmannsthal, Hugo von
Gedichte und lyrische Dramen. Frankfurt a. M. 1952
Holz, Arno
Werke, hg. von W. Emrich u.

A. Holz. Bd. 1. Neuwied, Berlin 1961 ff.

Huchel, Peter
S. 14, 21, 174, 204: Die Sternenreuse. München 1967 – S. 45, 139: Chausseen, Chausseen. Frankfurt a. M. 1963

Jandl, Ernst
S. 46: Laut und Luise. Olten, Freiburg 1966 – S. 102: Tagtäglich. Gedichte, hg. von J. Fuhrmann. Reinbek b. Hamburg 1976 – S. 136: Dingfest. Darmstadt, Neuwied 1973

Jentzsch, Bernd
Quartiermachen. München 1978

Jünger, Friedrich Georg
Sämtliche Gedichte. Frankfurt a. M. 1974

Kästner, Erich
Gesammelte Schriften für Erwachsene. München, Zürich 1969

Kahlau, Heinz
Der Fluß der Dinge. Gedichte aus zehn Jahren. Berlin, Weimar 1964

Kasack, Hermann
Wasserzeichen. Frankfurt a. M. 1964

Kaschnitz, Marie Luise
S. 53, 79: Neue Gedichte. Hamburg, Düsseldorf 1957 – S. 203: Dein Schweigen – meine Stimme. Hamburg 1962

Kasper, Hans
Nachrichten und Notizen. Stuttgart 1957

Keller, Gottfried
Werke, hg. von J. Keller. Zürich 1951

Kirsch, Rainer
Auszog das Fürchten zu lernen. Prosa, Gedichte, Komödie. Reinbek b. Hamburg 1978

Kirsch, Sarah
Rückenwind. Ebenhausen b. München 1977

Klopstock, Friedrich Gottlieb
Klopstocks poetische Werke, hg. von R. Boxberger. Berlin o. J.

Kolmar, Gertrud
Das lyrische Werk. München 1960

Kopisch, August
Gesammelte Werke, hg. von Freundes Hand. Berlin 1856

Kramer, Theodor
Wien 1938 – Die grünen Kader. Wien 1946

Krechel, Ursula
Nach Mainz! Gedichte. Darmstadt, Neuwied 1977

Krolow, Karl
S. 5: Gesammelte Gedichte. Bd. 2. Frankfurt a. M. 1975 – S. 12: Zeichen der Welt. Stuttgart 1952 – S. 54: Gesammelte Gedichte. Bd. 1. Frankfurt a. M. 1975

Kunert, Günter
S. 22: Warnung vor Spiegeln. Gedichte. München 1977 – S. 150: Erinnerungen an einen Planeten. München 1963 – S. 152: Der ungebetene Gast. Berlin, Weimar 1965

Kunze, Reiner
Sensible Wege. Achtundvierzig Gedichte und ein Zyklus. Reinbek b. Hamburg 1969

Lasker-Schüler, Else
Gesammelte Werke. Bd. 1, Gedichte 1902–1943, hg. von F. Kemp. München [2]1961

Lehmann, Wilhelm
Sämtliche Werke in 3 Bänden. Bd. 3. Gütersloh 1962

Leifert, Arnold
Signale im Verteidigungsfall. 67 Gedichte mit 4 Bildern von Schwarzer. Frankfurt a. M. 1974
Lenau, Nikolaus
Sämtliche Werke und Briefe. Historisch-kritische Ausgabe von E. Castle. Leipzig 1910
Liliencron, Detlev von
Gesammelte Werke. Berlin 1921
Loerke, Oskar
Gedichte und Prosa, hg. von P. Suhrkamp. Bd. 1. Frankfurt a. M. 1958
Logau, Friedrich von
Sämtliche Sinngedichte, hg. von G. Eitner. Tübingen 1872 (= Bibl. d. Lit. Vereins Stuttgart 1843 ff., Bd. 113)

Meckel, Christoph
Werkauswahl, hg. von W. Unverhau. München 1971
Mehring, Walter
Arche Noah SOS. Reinbek b. Hamburg 1951
Meyer, Conrad Ferdinand
Sämtliche Werke, hg. von H. Zeller u. A. Zäch. Bern 1963
Mörike, Eduard
Sämtliche Werke, hg. von H. G. Göpfert. München 1954
Morgenstern, Christian
Gesammelte Werke in einem Band. München 1965

Novalis
Schriften, 4 Bände, hg. von P. Kluckhohn u. R. Samuel. Bd. 1. Stuttgart 1972

Pfeffel, Gottlieb Konrad
Lehren der Weisheit und Tugend. Frankfurt a. M., Leipzig o. J.
Piontek, Heinz
S. 43, 47: Die Furt. Gedichte. Eßlingen 1952 – S. 105: Die Rauchfahne. Gedichte. Eßlingen 1953

Reinig, Christa
S. 101: Gedichte. Frankfurt a. M. 1963 – S. 205: Die Steine von Finisterre. Stierstadt i. Ts. 1960
Rilke, Rainer Maria
Sämtliche Werke. 6 Bände, hg. vom Rilke-Archiv, bes. von E. Zinn. Bd. 1. Frankfurt a. M. 1955
Ringelnatz, Joachim
Und auf einmal steht es neben dir. Gesammelte Gedichte. Berlin 1950
Roth, Eugen
Ein Mensch. München 1952
Rückert, Friedrich
Gesammelte poetische Werke. Bd. 2. Frankfurt a. M. 1868

Schenk, Johannes
Zittern. Fünfundvierzig Gedichte. Berlin 1977
Schiller, Friedrich
Schillers sämtliche Schriften. Historisch-kritische Ausgabe, hg. von K. Goedecke. Stuttgart 1871
Schnurre, Wolfdietrich
Kassiber und neue Gedichte. München 1979
Schröder, Rudolf Alexander
Gesammelte Werke. Bd. 1, Die Gedichte. Frankfurt a. M. 1952
Schubart, Christian Friedrich Daniel
Sämtliche Gedichte. Frankfurt a. M. 1825
Schwitters, Kurt
Das literarische Werk, hg. von F. Lach. Köln 1973

Seidel, Ina
Gedichte. Stuttgart 1955
Stadler, Ernst
Dichtungen, hg. von K. L. Schneider. Hamburg o. J.
Storm, Theodor
Werke, hg. von Th. Hertel. Leipzig o. J.
Stramm, August
Dein Lächeln weint. Gesammelte Gedichte. Wiesbaden 1956

Theobaldy, Jürgen
S. 76: Aber besoffen bin ich von dir. Liebesgedichte, hg. von J. Hans. Reinbek b. Hamburg 1979 – S. 100: Akzente, H. 3, 1977
Trakl, Georg
Dichtungen und Briefe, hg. von W. Killy u. H. Szklenar. Salzburg 1969
Tucholsky, Kurt
Gesammelte Werke. Reinbek b. Hamburg 1960

Uhland, Ludwig
Gedichte. Kritische Ausgabe von E. Schmidt u. J. Hartmann. Stuttgart 1898

Vesper, Guntram
Gedichte für Anfänger, hg. von J. Fuhrmann. Reinbek b. Hamburg 1980

Weerth, Georg
Sämtliche Werke in fünf Bänden, hg. von Bruno Kaiser. Berlin (DDR) 1956

Werfel, Franz
Das lyrische Werk. Frankfurt a. M. 1967
Weyrauch, Wolfgang
S. 74: Claassen Jahrbuch der Lyrik 1. Am Rand der Zeit, hg. von Chr. Buchwald u. H. Hartung. Düsseldorf 1979 – S. 123: An die Wand geschrieben. Reinbek b. Hamburg 1950 – S. 135: Gesang um nicht zu sterben. Reinbek b. Hamburg 1956 – S. 142: Die Spur. Neue Gedichte. Olten, Freiburg i. Br. 1963

Zech, Paul
Das schwarze Revier. Gedichte. München 1922
Zimmer, Dieter E.
Claassen Jahrbuch der Lyrik 1. Am Rand der Zeit, hg. von Chr. Buchwald u. H. Hartung. Düsseldorf 1979
Zollinger, Albin
Gedichte. Zürich 1962
Zuckmayer, Carl
Gedichte, Frankfurt a. M. 1960

Volkslied
S. 196: Deutscher Liederhort, hg. von L. Erk u. F. M. Böhme. Leipzig 1893 ff. – S. 252: Allerleirauh. Viele schöne Kinderreime, versammelt von H. M. Enzensberger. Frankfurt a. M. 1971

987654321